개정 증보판

만공법어

滿空法語

1 이 책은 1982년 만공문도회滿空門徒會에서 편찬한 『만공법어滿空法語』를 저본으로 하였고, 체제와 순서는 그대로 따랐다. 다만 기존의 내용 중에 원문의 오탈자, 번역의 오류로 판단되는 것들을 다소 수정·보완하였으며, 소제목을 바꾼 곳이 있으며 각주 설명도 보완하였다.

2 게송이 나오는 경우에는 원문의 한자 아래에 한글음을 병기하여 독송하는 데에 도움이 되도록 하였다.

3 기존의 『만공법어滿空法語』 편찬 후 새로 발견된 자료, 후대 스님의 법어에 근거한 자료 등 9편의 글을 모아 부록 1로 엮었다.

4 중은重隱 스님이 쓴 만공 선사 추모글, 성오 스님이 필사한 만공 선사 행장을 부록 2로 엮었다.

만공법어

개정 증보판

滿空法語

경허록・만공법어 편찬위원회

불광출판사

발간사

만공 선사의 법어집은 1968년 『만공어록滿空語錄』이라는 이름으로 초간본初刊本이 나왔고, 그로부터 14년이 지난 1982년에 수정·증보판으로 『만공법어滿空法語』가 다시 출간되었다. 만공 선사의 법어집이 출간된 지 40여 년이 지난 오늘날 이를 다시 살펴보니, 이전에 출간된 『만공법어』에는 원문의 오탈자와 번역의 오류로 판단되는 것들이 더러 있어 이를 보완할 필요성을 느끼게 되었다. 다행히도 만공 문도들이 뜻을 모아 경허록·만공법어 편찬위원회가 구성되어 만공 선사와 관련된 자료 역시 새로 조사하여 수집하였다. 이런 인연들이 모여 이번에 만공 선사의 법어를 전면적으로 수정·증보하여 재출간하게 되었으니, 참으로 감격스럽다.

만공 선사는 일제 총독부의 한국 불교 말살 정책을 규탄하고 한국 불교의 순수성純粹性과 전통의 수행 가풍을 유지하기 위하여 재단법인 선학원을 설립하고 수좌공제회首座共濟會를 만들어 수행자를 보호하는 한편, 금강산 마하연선원, 덕숭산 능인선원, 선학원 조실로서 납승衲僧을 지도하고, 1941년에는 선학원에서 유교법회遺教法會를 통하여 한국 불교의 전통 가풍을 정립한 분이시다.

이 법어집을 통해 만공 선사의 선지禪旨와 진면목眞面目이 널리 알려져 두고두고 후학들의 귀감이 되길 바란다.

선사는 말년에 소림초당에 거문고를 걸어 두고 갱진교更進橋 위에서,

流水西來曲　흐르는 물소리는 조사의 서래곡이요
류 수 서 래 곡

樹葉迦葉舞　나풀거리는 나뭇잎은 가섭의 춤이로세
수 엽 가 섭 무

라고 노래하였으니, 지금도 이곳을 지날 때마다 선사의 법곡法曲이 들리는 듯하다.

본 법어집의 간행을 위하여 경허문도회의 여러 스님들께서 도움을 주셨으니, 그분들의 정진과 후원에 깊이 감사드린다. 또한 경허록·만공법어 편찬위원회에서는 이 법어집의 간행과 더불어 전국에 흩어져 있는 경허·만공 선사의 발자취를 찾아다니며 촬영 수집하고 그 자료를 디지털로 구축하는 작업까지 진행 중이라고 하니, 그들의 노고에도 깊이 감사드린다.

2024년 10월 덕숭산 정혜사 능인선원에서
송원설정 근지謹識

봉향송
奉香頌

本自天然非造作
본 자 천 연 비 조 작

本自天然非造作 → 본래 천연한 것은 조작이 아니거늘

何用揮毛妄示人
하 용 휘 모 망 시 인

붓끝을 휘둘러 부질없이 사람에게
보이려 하는가

一念未形前薦得
일 념 미 형 전 천 득

한 생각 드러나기 이전에 알아차린다면

奇言妙句盡爲塵
기 언 묘 구 진 위 진

기이한 말과 묘한 글귀 다 티끌이 되도다

불기 2526년 임술년(1982) 하안거 음력 4월 보름
덕숭산 수덕사 능인선원能仁禪院
혜암惠庵[1] 분향하며 송을 바침.

---

1   惠庵 : '惠菴'으로 쓰기도 하였다.

서사
序辭

아! 만공滿空 스님이 사바세계에 출현함은 암흑한 세계에 일월日月
이 나온 것과 같도다.

진법계盡法界·허공계虛空界에 산은 높고 물은 흐르고, 꽃은 붉
고 버들은 푸른데, 춘조春鳥가 남남喃喃[2]히 우는 맑은 노래는 선사
先師의 수용受用하던 경계요, 이것이 설법이다. 설법이 설법이 아
니라 이 이름이 설법이다.

일생 동안 납자衲子를 제접提接[3]하고 모든 중생의 교화에 설묘
說妙와 담현談玄한 것을 어찌 이 책으로 다 기록할 수 있으랴.

유시有時에는 양구良久와 방할棒喝도 하고, 거불자擧拂子와 격
선상擊禪床으로 시중示衆하였으나[4], 이것도 교화문敎化門에 부득이
한 일이요, 선사禪師의 본분本分은 아닐 것이다.

---

2   남남喃喃 : 시를 읊는 의성어를 표현함. 재잘거리다, 지저귀다.
3   제접提接 : 접견하여 이끌다, 이끌어 인도하다.
4   유시有時에는~시중示衆하였으나 : 어떤 때에는 한참 침묵하거나[良久], 몽둥
     이질[棒] 또는 고함을 지르거나[喝], 불자拂子를 들거나, 선상禪床을 침으로써
     대중에게 법을 보이다.

그러나 문자 유적文字遺跡을 후세에 전하는 것이 스님의 본의
本意는 아니나, 수시隨時로 설하신 법어法語·송구頌句를 그 문도門
徒 등이 수집하여 간행하게 됨은 진실로 반가운 일이라 하겠다.

송왈 頌曰

禪師示寂無消息　　선사께서 시적하신 후 소식이 적막터니
선 사 시 적 무 소 식
門外春來草自靑　　문밖에 봄이 옴에 풀은 절로 푸르르네
문 외 춘 래 초 자 청
阿遮遮　　　　　　아차차
아 차 차

영축산靈鷲山 삼소굴三笑窟
경봉鏡峰은 두 손 가슴에 모으며[叉手當胷]

　　　　　　　　　만공법어 ●

간 행 사
刊行辭

불조佛祖의 진면목을 어찌 언어와 문자로 표현할 수 있으리오만은 부득이 중생 교화를 위하여 여래의 팔만사천법문과 역대 조사의 현담玄談과 묘구妙句로 명시하였으되, 한갓 어린아이의 울음을 달래는 방편일 따름이요, 명월明月을 가리키는 손가락에 지나지 않는 것이로다.

불불佛佛과 조조祖祖가 분명히 정법안장을 비부秘付(비밀리에 부촉)하여 심전深傳한(깊이 전한) 법인묘도法印妙道는 대대代代로 계승되어 온 것도 사실입니다.

그러나 근역槿域(한국) 불교의 선禪의 정맥이 쇠미衰微의 극에 다다른 때에 경허성우鏡虛惺牛 노사老師가 돌연히 출현하심과 그의 무생법인無生法印을 계승하신 만공월면滿空月面 선사禪師께서 이곳 덕숭산에서 선지禪旨와 종풍宗風을 바로 세워 대진大振(크게 떨쳐) 중흥케 하셨으니, 이는 실로 암흑한 대지의 태양과 같은 명안종사明眼宗師이셨습니다.

만공 선사께서 40여 년간을 호서湖西 덕숭산德崇山에 주석하시며 우리에게 노파심절老婆心切로 또는 맵게 다져 깨우쳐 주신 진수

眞髓의 법어를 다 기록지 못함을 심히 유감으로 생각합니다.

　필자가 노사를 받들어 모시던 어린 시자侍者 시절에 경청한 법어를 기억되는 대로 기록한 것이 상당법어上堂法語 42편, 납자衲子의 안목을 가리시던 거량擧揚 43편, 방함록 서芳啣錄序 3편, 발원문發願文 3편, 법훈法訓 13편, 자적自適하시던 게송 54편으로, 이를 수집하여 1968년에 초간初刊한 것이 『만공어록滿空語錄』이었습니다.

　그러나 초간 당시 빠진 법어가 적지 않았을 뿐만 아니라 책에 수록된 내용에서 탈락脫落·오기誤記·오역誤譯된 곳을 바로잡고, 그동안 발굴된 거량 14편과 게송 12편을 더 올리고 화보를 대폭 증면, 새로 편집하여 금번 책 제명을 '만공법어滿空法語'로 바꾸어 수정·증보판을 내게 된 것입니다.

　이 법어집을 간행하게 된 목적은 누구나 자기의 본래면목本來面目을 밝히려는 이들에게 거울이 되며, 자기 마음의 고향을 찾는 이에게 나침반이 되며, 자기 완성의 피안彼岸을 향하는 이에게 쾌속선快速船이 되기를 바라는 데 있습니다.

　또한 종차從此로 영산靈山의 법등法燈이 더욱 빛나고 소림少林의 종지宗旨가 온 법계에 투철하여 제2의 경허 선사, 제2의 만공 선사와 같은 명안明眼 선지식善知識이 나오시기를 간절히 바라는 마음에서입니다.

　본 법어집 간행 불사를 위하여 혜암현문惠庵玄門 화상과 벽초경선碧超鏡禪 화상의 협조와 신도 제현信徒諸賢의 성원에 감사를 드리고, 이번 편수 작업에 동참한 의초毅初 김인봉金仁鳳 거사의 도

움을 기쁘게 여기는 바입니다.

　필자는 정성껏 수집·편찬을 하였으나 그래도 잘못된 점과 미처 찾아내지 못한 법어·송구頌句가 많으리라 생각되오니, 사부대중 제현께서는 오류 지적과 비장秘藏된 미지未知의 법어가 발견되는 대로 즉시 수덕사로 알려주시기를 간곡히 바라겠습니다.

　발견되는 법어와 지적하여 주신 여러분의 고견高見을 받아들여 앞으로도 수정·증보하겠음을 밝히는 바입니다.

불기 2526년(1982) 중추절
시자侍者 진성원담 眞惺圓潭[5] 계수稽首 근지謹識

5　　眞惺 : ‘眞性’으로 쓰기도 하였다.

목차

상당법어 上堂法語

거량舉揚

게송偈頌

서문序文

발원문發願文

수행찬修行讚

법훈法訓

행장行狀

부록 1

부록 2

상당법어

上堂法語

무인년(1938) 결제 법문

법좌에 올라 주장자를 잡고 양구良久[6] 후에 주장자로 법상을 세 번 내리찍고 말씀하셨다.

"고인古人의 말씀에, '예로부터 고요히 움직이지 아니한 여여如如[7]한 부처라' 하였다. 그러나 '여여'라 하면 벌써 변해 버린 말이니, 이 여여는 우주의 모체(근본)이며, 일체 만물이 모두 이 여여에서 생겨났도다. 그런데 세상 사람들은 태어나도 태어남의 근본을 모르고, 죽어도 죽음의 근본을 알지 못하니, 그 어리석음이 축생과 다를 바가 없도다. 왜냐하면 세상 사람들이 오직 탐·진·치 삼독을 가지고 일용의 살림을 삼기 때문이니라. 축생의 부류에서 벗어나려거든 이 '구래부동여여불舊來不動如如佛' 한 구절을 스스로 증득하고 스스로 깨달아야 비로소 부처와의 거리가 멀지 않으리라."

6 　양구良久 : 한참 침묵하다. 선사禪師가 대중에게 법을 보이는 한 방법이다.
7 　여여如如 : 불변不變, 부동不動, 있는 그대로 자유롭고 변함없다.

　　　　　　　　　　　　　　　　　　　만공법어　●

戊寅年 結制

上堂拈柱杖 良久後 打三下云 古云 舊來不動如如佛 喚作
如如 早是變了也 如如 宇宙之母 一切萬物 從此如如而出
來也 生也 不知生母 死也 不知死母 與畜生 無異矣 所以
者何 世人但以貪嗔癡三毒 而作日用事之故也 欲出畜生類
舊來不動如如佛之一句 自證自悟 方爲去佛不遠矣

세간상은 상주하나니라

법좌에 올라 말씀하셨다.

"모든 법은 돌아오지 아니하나 세간상은 상주常住하나니라."

주장자를 세워 일으키고 말씀하셨다.

"보고 보라. 삼라만상이여! 다만 이 한 몸이 항상 홀로 드러나 있으니, 이 속에 이르러서는 도리어 한 법이 나기도 하고 멸하기도 하고, 있기도 하고 없기도 하도다. 비록 이와 같으나 이 도리는 꿈에도 설해 보지 못하였노라."

주장자를 세워 법상을 치고 법좌에서 내려오시다.

世間相常住

上堂云 一切法不還 世間相常住 竪起柱杖云 看看 森羅萬像 只此一身常獨露 到這裏 還一法爲生爲滅 爲有爲無 雖然如是 不得說夢 卓柱杖而下座

위없는 보리

법좌에 올라 양구良久 후에 말씀하셨다.

無上菩提從此出　위없는 보리가 이것으로 좇아 나니
무 상 보 리 종 차 출

萬仞崖頭獨足立　만 길이나 되는 낭떠러지 위에 외발로 섰도다
만 인 애 두 독 족 립

莫問東西與南北　동과 서와 남과 북을 묻지 말라
막 문 동 서 여 남 북

達磨不識曹溪路　달마불식[8]이 바로 조계의 길이니라
달 마 불 식 조 계 로

有一訣爲君說之　한 비결이 있으니 그대를 위하여 말하리라
유 일 결 위 군 설 지

　　주장자를 세워 법상을 치고 법좌에서 내려오시다.

8　달마불식達磨不識 : 달마는 인도 승려로 6세기 초에 인도에서 중국으로 건너
와 중국 선종의 제1조가 되었다. 숭산 소림사에서 9년간 벽관壁觀 수행을 했다
고 한다. 『벽암록』 제1칙에 '달마불식'의 내용이 나온다. 양무제가 달마에게 "지
금 나와 마주하고 있는 그대는 누구입니까?" 하니, 달마 대사가 "불식不識"이
라 하였다. 양무제의 질문이 나와 남을 분별하는 차별심에서 나온 것이라면, 달
마는 이러한 상대적인 대립이 없는 입장에서 '불식'이라 답변하였으니, 이것이
선불교의 기본 정신이며 선종의 사상적 기반이 된다. 이후 펼쳐지는 선가의 오
가 칠종 계파가 모두 이를 근간으로 전개된다. 달마는 중국의 선종 계보도에서
초조 대사이고, 조계는 육조 대사이다.

無上菩提

上堂良久云 無上菩提從此出 萬仞崖頭獨足立 莫問東西
與南北 達磨不識曹溪路 有一訣爲君說之 卓柱杖而下座

일만 기틀을 그치다

법좌에 올라 말씀하셨다.

"일만 기틀을 다 쉬어 그쳤으니, 일천 성현들이 잡지 못하고, 부모도 나의 친한 이가 아니며, 모든 부처님도 불도佛道가 아니로다.

본색납승本色衲僧[9]이 이 속에 이르러 한 가닥 살길이 있으니, 다만 이 생멸에 옮겨 따르지 못하고, 차별에 굴러들지 못하며, 티끌을 등지고 각覺에 합하여 제불과 중생이 본래 평등하나니라.

대중들이여! 이미 평등할진댄 무엇 때문에 제불諸佛은 영원히 증득하였고 중생은 그렇지 못한고? 또 일러라. 잘못됨이 어느 곳에 있는고?

밤에 다니는 것을 허락하지 않으니, 날이 밝으면 당도해야 하리라. 참구하라!"

---

9   본색납승本色衲僧 : 본분사를 참구하는 선승을 표현한 말이다. 납승은 납의衲衣(기워 입은 옷)를 입은 승려라는 뜻으로, 무소유無所有를 상징한다.

萬機休罷

上堂云 萬機休罷 千聖不攜 父母非我親 諸佛非是道 本色
衲僧 到這裏 有一條活路 直是生滅不能移 差別不能轉 背
塵合覺 諸佛眾生 本來平等 大衆 旣是平等 爲甚麼 諸佛
爲永得 眾生爲未然 且道 諭訛在甚麼處 不許夜行 投明須
到 參

대중에게 보이다
경오년(1930) 동안거 법문

법좌에 올라 주장자로 법상을 세 번 내리찍고 말씀하셨다.

"한 개의 물건도 짓지 아니함을 이름하여 도를 지음이라 하고, 한 개의 물건도 보지 아니함을 이름하여 도를 봄이라 하고, 한 개의 물건도 닦지 아니함을 이름하여 도를 닦음이라 하고, 한 개의 물건도 얻지 못함을 이름하여 도를 얻음이라 한다."

끝으로 주장자를 잡고 말씀하셨다.

"대중은 자세히 보라!"

양구 후에 주장자를 들어 법상을 한 번 내리찍고 말씀하셨다.

"모든 법이 본래부터 항상 적멸寂滅[10]한 상相이니, 불자가 이 도리를 행하여 마치면 내세에 부처가 될 것이니라."

| 魚行水濁 어 행 수 탁 | 물고기가 지나가니 물이 흐려지고 |
| 鳥飛毛落 조 비 모 락 | 새가 날아가니 깃이 떨어지도다 |

---

10   적멸寂滅 : 번뇌의 세상을 완전히 벗어난 경지. 열반의 경지. 부모미생전父母未生前이요, 제불諸佛의 본래 자리이다.

示衆 −庚午年 冬安居

上堂拈柱杖三下云 不作一介物 名爲作道 不見一介物 名
爲見道 不修一介物 名爲修道 不得一介物 名爲得道 末後
拈柱杖云 大衆 仔細看 良久 打柱杖一下云 諸法從本來
常自寂滅相 佛子行道已 來世得作佛 魚行水濁 鳥飛毛落

여래의 형상

법좌에 올라 말씀하셨다.

若見諸相非相
약 견 제 상 비 상
만약 모든 상이 상 아님을 알면

即見如來
즉 견 여 래
곧 여래를 보리라

千年竹萬年松
천 년 죽 만 년 송
천년의 대나무와 만년의 소나무여

枝枝葉葉盡皆同
지 지 엽 엽 진 개 동
가지마다 잎새마다 낱낱이 다 같도다

如來相

上堂云 若見諸相非相 即見如來 千年竹萬年松 枝枝葉葉

盡皆同

천안으로도 볼 수 없다

법좌에 올라 말씀하셨다.

"천 개의 눈을 가진 관음보살도 투철히 보지 못하는 것이 바람을
따라 비로 화하여 앞산으로 지나가도다. 법문을 들을 때에 졸지 말
라. 그러나 잠자는 것이 곧 법문이니라.

　　만약 잠자는 것이 곧 법문이라 할진댄, 재상가의 딸이 백정의
집으로 시집가는 격이리라."

千年竹萬年松　천년의 대나무와 만년의 소나무여
천 년 죽 만 년 송

枝枝葉葉盡皆同　가지마다 잎새마다 낱낱이 다 같도다
지 지 엽 엽 진 개 동

爲報四海玄學者　사해[11]의 현학자[12]에게 이르노니
위 보 사 해 현 학 자

動手無非觸祖翁　하는 일마다 조사의 가풍에 닿지 아니함이 없다
동 수 무 비 촉 조 옹

11　사해 : 온 세계.

12　현학자 : 스스로 자기 학문이나 지식을 뽐내는 사람. 여기서는 현묘한 도리를
　　궁구하는 선객禪客을 지칭한다.

千眼不看

上堂云 千眼大悲不看透 隨風化雨過前山 聽法時 不須打
眠 然 打眠 卽是法門 若謂打眠卽是法門 宰相家之女息
嫁拾屠家之格 千年竹萬年松 枝枝葉葉盡皆同 爲報四海
玄學者 動手無非觸祖翁

선행과 악행

법좌에 올라 주장자를 잡고 말씀하셨다.

"선행을 하면 천당에 올라가고, 악행을 하면 지옥으로 들어가게 되느니라. 그러나 선과 악이 함께 공空하였다면 극락세계로 가리라.

선행과 악행의 근본 원인을 깨달으면 선도 아니요, 악도 아니니 이것이 선과 악이 함께 공한 곳이니라.

이 세계에서 십만 억 세계를 지나 한 세계가 있으니, 극락이라 이름하느니라. 십만 억은 곧 십악十惡[13]이며, 십악을 뒤집으면 곧 십선十善이니, 이 선행을 깨닫기 위하여 오늘 대중은 여기에 와서 공부를 하는 것이니라.

만약 십선을 깨달았다면, 이 국토(중생 세계)를 여의지 아니하고 마땅히 연화대蓮華臺[14]에 날 수 있으리라.

---

13   십악十惡 : 신身·구口·의意 삼업三業으로 짓는 열 가지 죄악으로, 살생·투도
      偸盜·사음邪淫·망어妄語·기어綺語·양설兩舌·악구惡口·탐욕貪慾·진에
      瞋恚·우치愚痴를 가리킨다. 십악을 행하지 않는 일이 십선十善이 된다.

14   연화대蓮華臺 : 극락세계에 있다고 하는 연화의 대좌로, 불보살이 앉는 곳이다.

가고 머무는 곳곳마다 곧 연화대이며 아미타불[15]을 매 순간 여읠 수가 없느니라."

주장자로 법상을 한 번 치고 말씀하셨다.

"금일 대중들이여. 이 몸이 있을 때에는 이 소리를 듣거니와 이 몸이 없어졌을 때에는 이 소리를 듣는 자가 누구이겠는가? 육신만으로는 이 소리를 듣지 못할 것이요, 마음은 일체의 형상이 없나니라.

이 소리는 길지도 아니하고 짧지도 아니하며, 푸르지도 아니하고 누렇지도 아니하니, 이 소리를 들을 때에 아미타불을 친히 만나 뵈리라."

마지막에 다시 말씀하셨다.

"모든 법이 본래부터 항상 적멸한 상이니, 불자가 이 도리를 행하여 마치면 내세에 부처가 될 것이니라."

魚行水濁　　물고기가 지나가니 물이 흐려지고
어 행 수 탁
鳥飛毛落　　새가 날아가니 깃이 떨어지도다
조 비 모 락

주장자로 법상을 치고 법좌에서 내려오시다.

15　　아미타불 : 서방 극락정토의 주불主佛로, 무량수불 또는 무량광불이라고도 한다.

善行惡行

上堂拈柱杖云 善行昇天堂 惡行入地獄 善惡兩俱空 卽往
極樂國 覺悟善惡之本因 不是善 不是惡故 此是善惡俱空
處也 過十萬億 有國土 名曰極樂 十萬億 卽是十惡 飜十
惡 則卽是十善 爲悟此善 今日大衆 來此做去 若能覺悟此
善 不離此土 當生蓮花上 行住處處 卽是蓮花上 阿彌陀佛
不離堂念

打柱杖一下云 今日大衆 卽此身時 卽聞此聲 離此身時 聞
此聲者誰 肉身 不聞 心也者 一無形貌 此聲 非長非短 不
靑不黃 卽聞此聲時 親見阿彌陀佛

末後云 諸法從本來 常自寂滅相 佛子行道已 來世得作佛
魚行水濁 鳥飛毛落 卓柱杖下座

뚫을 수 없다

법좌에 올라 양구良久 후에 주장자로 법상을 세 번 치고 말씀하셨다. "이것은 유심有心으로도 뚫을 수가 없고 무심無心으로도 뚫을 수가 없으니, 어떻게 뚫을 수 있겠느냐? 만약 이 도리를 뚫게 되면 참학參學[16]하는 일을 마쳤다 하리라. 대중들이 듣는 시간이 길고 지루할 것 같아 내가 이제 대신하여 들어 보이리라. 자세히 보아라."

양구 후에 주장자로 법상을 세 번 내려치고 법좌에서 내려오시다.

透不得

上堂良久 拈柱杖三下云 這箇 有心透不得 無心透不得 如何透得耶 若透此道理 參學事畢 大衆 聞取時間 長遠 吾今代擧而示之 看看 良久 打柱杖三下 而便下座

---

16   참학參學 : 참선 공부 또는 선지식을 두루 참방參訪하는 것을 가리킴.

안정병원을 찾아가라

대중이 조실스님께 여쭈었다.

"이번에 대중이 해제[17] 법문 듣기를 원하였는데, 스님께서 때맞춰 설법하지 않으셨습니다. 고인古人이 이르되, '나오는 것이 사람을 위하는 것이 아니라 나오지 않는 것이 사람을 위함이다.' 했는데, 이 도리에 의거하여 스님께서 설법하지 않으신 것입니까?"

"감기가 나은 뒤에 설해 주리라."

"나고 죽는 일대사一大事가 신속한 일인데, 오늘 중으로 꼭 설하여 주소서."

"귀먹은 놈에게 어떻게 더 설할까 보냐?"

"업식業識[18]이 아득하여 듣지를 못하오니 다시 자세히 보여 주소서."

---

17   해제 : 선원에서는 여름 안거와 겨울 안거가 있다. 여름 안거는 음력 4월 15일에 참선 수행을 시작함을 결제結制라 하고, 90일 동안 일체 출입을 않고 정진하다가 음력 7월 15일에 안거 기간을 끝내는 것을 해제라 한다. 겨울 안거는 음력 10월 15일에 결제하고, 다음 해 1월 15일에 해제한다.

18   업식業識 : 전생前生에 지은 업업으로 생긴 의식.

"그렇다면 홍성에 있는 안정병원을 찾아가야 한다."

安井病院尋訪可也

大衆問祖室 今番大衆 願聞解制法門 和尙適時不說法 古
云 出則不爲人 不出則爲人 據此道理 和尙不說法否 師云
感氣平復後說與 又問 生死大事迅速 今日說與 師云 聾漢
作麼 又問 業識茫茫不聽 更爲詳示 師云 恁麼 尋訪洪城
安井醫院 可也

법 중의 왕

법좌에 올라 말씀하셨다.

"법 중의 왕이여! 가장 높고 수승하여 항하恒河[19]의 모래 수와 같은 여래가 다 함께 증득하셨도다."

주장자를 잡고 말씀하셨다.

"자세히 보아라! 시방[20]의 모든 부처가 다 산승의 주장자 끝에 있어 여럿이 한 소리로 큰 법륜法輪[21]을 굴리시니, 대중은 자세히 들어라."

이에 주장자를 들어 법상을 한 번 치고 말씀하셨다.

| 彈指圓成八萬門
탄 지 원 성 팔 만 문 | 손가락 튕기는 사이에 팔만법문을 원만성취하고 |
| 剎那滅却三祇劫
찰 나 멸 각 삼 지 겁 | 찰나 간에 삼아승지겁을 없앴느니라 |

---

19   항하恒河 : 인도의 갠지스강.

20   시방 : 사방四方과 사우四隅와 상하上下를 통틀어 일컫는 말.

21   법륜法輪 : 교법의 수레바퀴. 부처님의 설법.

法中王

上堂云 法中王最高勝 河沙如來同共證 拈柱杖云 看看 十方諸佛 總在山僧柱杖子頭上 異口同音 轉大法輪 大衆諦聽 於是 卓柱杖子一下云 彈指圓成八萬門 刹那滅却三祗劫

몸과 마음의 체와 용

법좌에 올라 말씀하셨다.

身非塵聚
신 비 진 취
몸은 티끌 무더기가 아니라

卓卓妙存
탁 탁 묘 존
높고 뚜렷하여 묘하게 존재함이요

心非情緣
심 비 정 연
마음은 망정妄情의 반연攀緣[22]이 아니라

冥冥觸覺
명 명 촉 각
깊고 그윽하여 접촉하는 감각이 있으니

其體也出諸障碍
기 체 야 출 제 장 애
그 본체는 모든 장애를 벗어났고

其用也得大自在
기 용 야 득 대 자 재
그 묘용妙用은 크게 자재함을 얻어

無去無來
무 거 무 래
가는 것도 없고 오는 것도 없으며

非顯非晦
비 현 비 회
나타나는 것도 감추어지는 것도 아니니라

應色應聲
응 색 응 성
빛깔에 응하고 소리에 응하매

亡對亡待
망 대 망 대
마주할 것도 없고 기다릴 것도 없나니

饅頭胡餠觀世音
만 두 호 병 관 세 음
만두와 호떡 빚는 관세음이여

---

22   반연攀緣 : 원인을 도와 결과를 맺게 하는 일.

還我當行家賣買　내가 가게를 맡아 매매하리라[23]
환 아 당 행 가 매 매

身心體用

上堂云 身非塵聚 卓卓妙存 心非情緣 冥冥觸覺 其體也出

諸障碍 其用也得大自在 無去無來 非顯非晦 應色應聲 亡

對亡待 饅頭胡餅觀世音 還我當行家賣買

23　만두와 호떡~매매하리라 : 만두와 호떡을 빚는 것은 관세음보살이 중생 교화
　　를 펼친다는 의미이고, 내가 가게를 맡아 매매한다는 것도 마찬가지로 내가 가
　　야 할 본분 자리에서 교화를 펼친다는 의미이다.

돌 장승이 이마가 깨짐

법좌에 올라 말씀하셨다.

"교화의 밖에 길이 다하니 돌 장승이 이마가 깨지고, 겁 앞에 바람이 부니 옥녀玉女가 머리를 흔들도다. 이 가운데 소식을 통하기 어려운지라 곧바로 칼날 끝이 드러나지 않도다. 그러므로 이르되, '움직이면 그림자가 나타나고, 깨달으면 번뇌가 생긴다.'라고 하노라. 정히 이러한 때에 어떻게 이 소식을 통하겠는가?"

양구 후에 말씀하셨다.

夜來木馬澤中過　밤사이 목마가 못 가운데를 지나가니
야 래 목 마 택 중 과

驚起泥牛飜海潮　놀라 일어난 진흙소가 바다의 조수를 뒤집도다
경 기 니 우 번 해 조

石人斫額

上堂云 化外路窮 石人斫額 劫前風轉 玉女搖頭 箇中消息
難通 直下鋒鋩不露 所以道 動卽影現 覺卽塵生 正恁麼時
作麼生 通箇消息 良久云 夜來木馬澤中過 驚起泥牛飜海潮

고요하고 뚜렷함

법좌에 올라 말씀하셨다.

"나고 죽으매 윤회의 자취가 다함이 없고, 고요하고 뚜렷하여 참되고 비추는 작용의 심기心機가 어둡지 않도다.

구름은 산을 의지하여 아비를 삼는지라 이 가운데 공덕으로써 공덕에 나아감이여. 달은 물에 비추어 집을 삼는지라 곧 머무르되 머무는 바가 없나니라. 보고 듣고 지각하고 아는 것을 떠나 지혜가 있으니 이는 분별의 마음이 아니요, 땅과 물과 불과 바람을 떠나 몸이 있으니 그것은 화합의 모습이 아니로다.

그러므로 이르되, '사대四大²⁴의 성품이 스스로 회복하여 아들이 그의 어미를 얻은 것과 같다.'라고 하노라. 여러 선덕禪德²⁵들은 어떻게 생각하는가? 행리行履²⁶를 이렇게 하여야 깨달음과 상응할 수 있으리라. 도리어 알겠는가?"

---

24   사대四大 : 지수화풍地水火風.

25   선덕禪德 : 선리禪理에 깊이 통하여 덕망이 높은 사람.

26   행리行履 : 수행, 행동, 일체의 행위, 실천, 왕래를 뜻한다.

霜天月落夜將半
상 천 월 락 야 장 반
誰共澄潭照影寒
수 공 징 담 조 영 한

서리 찬 하늘에 달은 지고 밤은 깊었는데

맑은 물에 차갑게 비추는 그림자를

누구와 함께할까

寂寂惺惺

上堂云 生生死死 輪廻之跡無窮 寂寂惺惺 眞照之機不昧

雲依山而是父 簡中功就於功 月在水而爲家 直下住無所

住 離見聞覺知而有智 非分別心 離地水火風而有身 非和

合相 所以道 四大性自復 如子得其母 諸禪德 作麼生 行

履得恁麼相應去 還會麼 霜天月落夜將半 誰共澄潭照影寒

오직 마음

법좌에 올라 말씀하셨다.

三世惟心 삼 세 유 심	삼세[27]가 오직 이 마음이요
惟心三世 유 심 삼 세	오직 이 마음이 삼세로다
一切法空觀自在 일 체 법 공 관 자 재	일체 모든 법이 공한 관자재시여
處處光明處處身 처 처 광 명 처 처 신	곳곳마다 광명이요 곳곳마다 법신[28]이라
這箇泡幻同無碍 저 개 포 환 동 무 애	이는 거품과 환영幻影처럼 걸림이 없도다
吐雲如山 토 운 여 산	구름을 토함은 저 산과 같고
吞川如海 탄 천 여 해	냇물을 삼킴은 저 바다와 같도다
了無毛髮居其外 요 무 모 발 거 기 외	마침내 모발이 없는 그 밖에 거처하니
森羅萬像盡我家 삼 라 만 상 진 아 가	삼라만상[29]이 다 나의 집이로다
只個虛空肚皮大 지 개 허 공 두 피 대	다만 이 허공의 뱃가죽이 크기도 하도다

27   삼세 : 과거·현재·미래.
28   법신 : 부처님의 삼신三身(법신法身, 보신報身, 화신化身) 중 하나로 법신은 비로자
        나불, 보신은 노사나불, 화신은 석가모니불로 배대된다.
29   삼라만상 : 우주 사이에 펼쳐진 온갖 사물의 현상.

惟心

上堂云 三世惟心 惟心三世 一切法空觀自在 處處光明處
處身 這箇泡幻同無碍 吐雲如山 呑川如海 了無毛髮居其
外 森羅萬像盡我家 只個虛空肚皮大

있는 것도 없는 것도 아님

법좌에 올라 말씀하셨다.

不可得而有
불 가 득 이 유

있다고도 할 수 없고

不可得而無
불 가 득 이 무

없다고도 할 수 없다

寂寂十方坐斷
적 적 시 방 좌 단

고요하고 적막하여 시방세계가 끊어짐이요

寥寥一境淸虛
요 요 일 경 청 허

쓸쓸하고 고요하여 한 경계가 맑고 비었도다

姸醜那能瞞淨鏡
연 추 나 능 만 정 경

곱고 추한 것이 어찌 맑은 거울을 속일 것인가

靑黃莫染我明珠
청 황 막 염 아 명 주

푸르고 누른 것으로 나의 밝은 구슬을

더럽힐 수 없다

刹海不能關鏁月
찰 해 불 능 관 쇄 월

화장찰해[30]도 능히 달을 가두어 잠그지 못하니

夜來流影在珊瑚
야 래 류 영 재 산 호

한밤중에 흐르는 그림자가 산호 가지에 있도다

---

30   화장찰해華藏刹海 : 꽃으로 장엄한 화려한 불국토로,『화엄경』에 의하면 비로
      자나불의 정토인 연화장세계를 화장세계라 한다.

有無不得

上堂云 不可得而有 不可得而無 寂寂十方坐斷 寥寥一境
清虛 妍醜那能瞞淨鏡 靑黃莫染我明珠 刹海不能關鎖月
夜來流影在珊瑚

만공법어 ●

생사의 꼭지

법좌에 올라 말씀하셨다.

"기린과 용이 상서로움이 되지 못하고 진주와 벽옥이 귀한 것이 아니니, 납승의 눈이 활짝 열려서 생사生死의 꼭지를 사무쳐 보라.

생사의 꼭지는 제일가는 이치이며, 부처님의 마음이다. 조사(달마 대사)가 소림少林에서 첫 번째 부처님의 법등法燈을 전하였고, 영산靈山[31]에서 수기授記[32]하사 높고 낮은 근기를 따랐도다.

어떤 것이 이것이며, 어떤 것이 저것인고? 여러 인연을 빌려서 신령스럽게 유희하도다. 어느 때는 오교五敎[33]와 삼승三乘[34]이요,

---

31 영산靈山 : 중인도 마갈타국의 왕사성 부근에 있는 산으로, 부처님이 이곳에서 설법하였다고 한다.

32 수기授記 : 부처님이 수행자들에게 미래에 성불할 것이라고 예언하는 것. 아득한 과거세에 연등불燃燈佛이 세존에게 한 예언, 세존이 미륵에게 미륵불이 될 것이라고 한 예언, 『무량수경』에서 세자재왕불이 법장에게 아미타불이 될 것이라고 한 예언, 『법화경』에서 세존이 성문들에게 한 예언 등이 있다.

33 오교五敎 : 소승교小乘敎, 대승시교大乘始敎, 대승종교大乘終敎, 돈교頓敎, 원교圓敎.

34 삼승三乘 : 성문승聲聞乘, 연각승緣覺乘, 보살승菩薩乘.

어느 때는 삼덕三德[35]과 육미六味[36]요, 어느 때는 집에서 주재하다가 어느 때는 문전에서 일을 마치도다.

곳곳마다 청백한 가풍이요, 사람마다 살림살이를 현성現成[37]하였도다. 이러한 때에 또한 일러라. 어떤 것이 현성의 수용인가? 도리어 체달하였는가?"

양구良久 후에 말씀하셨다.

風行草偃
풍 행 초 언   바람이 부니 풀이 쓰러지고
水到渠成
수 도 거 성   물이 흐르니 개천을 이루도다

生死蒂

上堂云 麟龍不爲瑞 珠璧不爲貴 衲僧眼豁開 徹見生死蒂 生死蒂 第一義諸佛心 祖師少林傳鼻燈 靈山授記隨高下 何此何彼 假諸因緣神遊戲 有時五敎三乘 有時三德六味 有時屋裡主宰 有時門頭了事 處處淸白家風 人人現成活計 正恁麼時 且道 作麼現成受用底 還體悉得麼 良久云 風行草偃 水到渠成

---

35   삼덕三德 : 법신덕法身德, 반야덕般若德, 해탈덕解脫德.

36   육미六味 : 쓴맛, 단맛, 신맛, 매운맛, 짠맛, 싱거운 맛.

37   현성現成 : 현재 이루어져 있는 것. 현재에 드러난 진리를 수용하는 것.

높고 높아 당당하다

법좌에 올라 말씀하셨다.

"높고 높아 당당하게 만상萬像 가운데 홀로 드러나며, 밝고 밝아 뚜렷하게 백초두상百草頭上[38]에 서로 만나도다.

나는 분수 밖의 그를 보지 않고, 그는 분수 밖의 나를 보지 않네. 그가 나를 외면하지 아니하니 곧 소리와 색의 티끌이 소멸하고, 내가 그를 외면하지 아니하니 곧 보고 듣는 망정妄情에서 벗어나도다.

그러므로 이르되, '세계가 그러하고, 중생이 그러하고, 티끌이 그러하고, 생각이 그러하다.'라고 하니라. 또 말해 보라.

어떻게 행동하여야 이렇게 상응해 갈 수 있는가? 도리어 알겠느냐?"

---

38   백초두상百草頭上 : 온갖 풀 끝, 즉 눈앞에 펼쳐진 대상 경계를 가리킴. 앞 구절의 만상萬像과 같은 맥락이다.

一機冥運道樞情
일 기 명 운 도 추 정
萬像影流心鏡空
만 상 영 류 심 경 공

한 기틀이 있어 도 닦는 마음을 그윽이 굴리니

삼라만상이 그림자처럼 흘러가 마음 거울이

텅 비는구나

巍巍堂堂

上堂云 巍巍堂堂 萬像中獨露 明明歷歷 百草頭上相逢 我

不見分外底他 他不見分外之我 他不外我 卽聲色塵消 我

不外他 卽見聞情脫 所以道 世界爾 衆生爾 塵塵爾 念念

爾 且道 如何行履 得與麽相應去 還會麽 一機冥運道樞情

萬像影流心鏡空

일심이 만상이다

법좌에 올라 말씀하셨다.

"일심一心이 만상萬象이요, 만상이 일심이니라. 이것은 가깝지도 아니하고 멀지도 아니하며, 지극히 얕고 지극히 깊도다. 건곤乾坤과 더불어 덮어 주고 실어 줌을 함께하며, 일월日月과 더불어 비춰 주고 다다름을 함께하네. 달빛을 배에 실으니 배마다 다 달빛이요, 금으로 그릇을 만드니 그릇마다 다 금이로다. 밝고 깨끗함은 산호의 가지와 같고, 꽃다운 향기는 담복薝蔔³⁹의 수풀과 같도다.

대용大用의 자재自在함은 전륜성왕轉輪聖王의 상투 속 보주寶珠⁴⁰를 획득하였고, 바른 소리가 화합함은 사자의 힘줄로 만든 거문고를 연주하듯 하도다.

터럭만큼도 원융무애圓融無碍⁴¹함을 유실遺失하지 않았으니

---

39 담복薝蔔 : 치자나무의 꽃. 향기가 짙다.

40 전륜성왕轉輪聖王의 상투 속 보주寶珠 : 전륜성왕은 정법正法을 가지고 온 세계를 다스리는 왕. 상투 속 보주는 일승一乘의 진리를 비유한 말이다.

41 원융무애圓融無碍 : 일체의 모든 법의 사리事理가 구별 없이 널리 융통하여 하나가 되어 거리낌이 없다.

형상을 비추는 거울이요, 형상의 껍질이 허공을 장애하지 않았으니 이 또한 담장을 넘어가는 소리로다. 능히 이와 같음에 아득한 옛적을 묘하게 초월하여 또렷이 지금에 있는 듯하도다.

대중들이여! 자, 말해 보라. 이제 요달한 것이 이 무슨 일인고? 도리어 알겠는가?"

穩如大地能持物   평온함은 마치 대지가 사물을 지키듯 하고
온 여 대 지 능 지 물
廓如虛空不掛針   드넓음은 마치 허공에 바늘조차 걸리지
확 여 허 공 불 괘 침   못하듯 하네

一心萬像

上堂云 一心萬像 萬像一心 不近不遠 極淺極深 與乾坤 同其覆載 與日月 同其照臨 月在船而船船皆月 金成器而 器器皆金 明潔若珊瑚之樹 芳馨如蒼蔔之林 大用自在也 獲輪王之髻寶 正聲和合也 奏獅子之絃琴 毛髮不遺圓融 照像之鑑 形殼不碍虛空 度垣之音 能如是也 妙超曠古 了 在如今 諸仁者 且道 如今了底 是什麼事 還會得麼 穩如 大地能持物 廓如虛空不掛針

여래장

법좌에 올라 말씀하셨다.

"나고 죽고 가고 오는 것이 본래 여래장인지라, 청정하여 묘하게 작용하고 텅 비고 원융하여 막힘없이 통하였도다. 여섯 문[42]에 나[我]는 반연攀緣[43]을 끊었고, 삼계三界[44]에 그는 몸의 형상이 없도다. 남[生]이 없는 길 위의 사람을 알고자 할진댄 만회 화상萬廻和尙[45]을 참방參訪하라."

如來藏

上堂云 生滅去來 本如來藏 淸淨妙用 虛融通暢 六門我絶
攀緣 三界渠無身像 無生路上底人識取 萬廻和尙參

---

42 여섯 문 : 육근을 비유한 말.
43 반연攀緣 : 원인을 도와 결과를 맺게 하는 일.
44 삼계三界 : 욕계欲界, 색계色界, 무색계無色界.
45 만회 화상萬廻和尙 : 실재 인물이 아니라 신이神異한 행적을 부리는 도인으로 회자된다. 선사의 가풍에 따라 간혹 인용되는 상징적인 도사이다.

하나도 아니고 다른 것도 아니다

법좌에 올라 말씀하셨다.

"하나도 아니고 다른 것도 아니며, 나도 이와 같고 저도 이와 같도
다."

兩莖眉現焰光身 　두 눈썹 줄기에 화염 같은 밝은 몸을 나투고
양 경 미 현 염 광 신

百草頭上揚祖意 　백초 위에 조사의 뜻을 드날리도다
백 초 두 상 양 조 의

歸雲誰使就靑山 　뜬구름을 뉘라서 청산에 나아가게 하랴
귀 운 수 사 취 청 산

落花自得隨流水 　낙화는 스스로 유수를 따라가도다
낙 화 자 득 수 류 수

不一不異

上堂云 不可得一 不可得異 我如是 彼如是 兩莖眉現焰光

身 百草頭上揚祖意 歸雲誰使就靑山 落花自得隨流水

밀밀히 머물다

법좌에 올라 말씀하셨다.

密密住其中 밀 밀 주 기 중	밀밀히 그 속에 머물러
靈然空不空 영 연 공 불 공	신령스럽게 공하였으되 공하지 않도다
一牛纔飮水 일 우 재 음 수	한 마리 소는 겨우 물을 마시는데
五馬不嘶風 오 마 불 시 풍	다섯 마리 말은 바람에 울지도 못하네
位裏亡消息 위 리 망 소 식	지위 속에 소식을 잊고
機頭有變通 기 두 유 변 통	심기心機마다 변통이 있는지라
三千大千事 삼 천 대 천 사	삼천 대천세계의 일은
彈指入圓融 탄 지 입 원 융	손가락 튕기는 사이에 원융하게 되노라

密密住

上堂云 密密住其中 靈然空不空 一牛纔飮水 五馬不嘶風

位裏亡消息 機頭有變通 三千大千事 彈指入圓融

명백하여 스스로 빛남

법좌에 올라 말씀하셨다.

"묘하고 맑아 흔적조차 없지만 명백히 스스로 빛나도다. 몸에 합하면 공空하지 아니하여 분명히 있고 머물지 아니하되 머묾이로다. 구름은 무심하되 비를 내리고, 골짜기는 신령스러움이 있으되 스스로 공하였도다.

납승의 가풍은 이렇게 나타나 이룰 수 있고, 이렇게 변하여 굴릴 수 있으며, 이렇게 수용할 수 있고, 이렇게 모나기도 하고 둥글기도 하여야 비로소 일체처一切處에 응용하되 이지러짐이 없으리라.

도리어 자세히 알겠는가? 삼라만상이 한 법이요, 한 법이 곧 삼라만상이라, 그 속에는 다시 차별의 흔적도 없느니라."

明白自耀

上堂云 妙湛無痕 明白自耀 合體也不空而有 非住而住 雲
無心而雨 谷有神而自空 衲僧家 能恁麼現成 能恁麼變轉
能恁麼受用 能恁麼方圓 始得一切處應用無虧 還委悉麼
森羅萬像一法 一法卽森羅萬像 裡許更無差別痕

모두 다 성불하였다

법좌에 올라 말씀하셨다.

"고인이 이르되, '유정·무정[46]이 다 성불하였다.' 하니, 대중은 또한 일러 보아라."

대중이 말이 없거늘 스님이 말씀하셨다.

"나에게 한마디 말이 있으니, 양반의 자제를 서자로 삼는 것도 또한 옳지 못하거늘 하물며 백정의 집에 양자가 될까 보냐."

悉皆成佛

上堂云 古云 有情無情 悉皆成佛 大衆 且道 大衆 無語 師
云 吾有一言 士夫之子 以爲庶子 亦不可 況爲屠家之養子
乎

---

46   유정有情·무정無情 : 정식情識이 있는 중생과 정식이 없는 것들. 동물·식물·광물.

삼세제불을 모두 삼키다

법좌에 올라 말씀하셨다.

"삼세의 모든 부처를 다 삼켜 버린 사람이 무엇 때문에 입을 열지 못하며, 사천하[47]를 비추어 타파한 사람이 무엇 때문에 눈을 감지 못하는고? 허다한 병통을 그대들과 일시에 잡아내리라.

또한 일러라. 어떻게 충분히 이루어서 사무쳐 통달해 갈 것인고? 도리어 알겠느냐?"

擘開華岳連天色
벽 개 화 악 연 천 색

放出黃河到海聲
방 출 황 하 도 해 성

화악[48]을 갈라놓으니 하늘빛까지 닿았고
황하[49]를 방출하니 바다 소리에까지
이르렀도다

---

47   사천하 : 수미산을 중심으로 사방에 있는 네 개의 대주大洲.

48   화악華岳 : 오악五岳 중에 제일 큰 봉우리 산.

49   황하黃河 : 중국 북부에 있는 제일 큰 강. 큰 삼각주를 형성하고 발해로 흐르는데, 토사 운반량이 세계 제일이다.

呑盡三世諸佛

上堂云 呑盡三世佛底人 爲甚麼 開口不得 照破四天下底
人 爲甚麼 合眼不得 許多病痛 與爾一時 拈却了也 且道
作麼生得十成通暢去 還會麼 劈開華岳連天色 放出黃河
到海聲

묘하게 밝다

법좌에 올라 말씀하셨다.

"성품의 각覺 자리가 묘하게 밝고 본각本覺이 명백히 묘함이라, 태허공太虛空으로 더불어 양이 같고 만물로 더불어 도道가 같도다.

　빛과 소리에 응하여 듣고 봄을 따르는지라 삼세三世에 들어가되 가고 오지 아니하며, 만 가지 인연에 섞이되 바르고 거꾸러짐이 없도다. 도리어 알겠느냐?"

| 雲日低時一字雁橫
운 일 저 시 일 자 안 횡 | 구름 속 해가 나지막한데
한일자로 날아가는 기러기 |
| 夜蟾落處孤猿叫
야 섬 락 처 고 원 규 | 밤두꺼비[50] 떨어진 곳에 외로이 우는 원숭이 |

妙明

上堂云 性覺妙明 本覺明妙 與太虛等量 與萬物同道 應色
應聲 隨聽隨眺 入三世而非去來 混萬緣而無正倒 還會麼
雲日低時一字雁橫 夜蟾落處孤猿叫

50　　밤두꺼비 : 달을 가리킴.

당당하고 뚜렷하도다

법좌에 올라 말씀하셨다.

"마음이 스스로 마음이라는 상相이 없어야 비로소 마음이요, 눈
[眼]이 스스로 눈이라는 상이 없어야 비로소 눈이니라.

당당하여 형적形跡이 없고 뚜렷하여 생각이 끊어진지라, 밝고
둥근 보름달 속에 토끼가 밤달을 품었고, 푸른빛 비낀 바다 위에
가을 산이 반사하여 비침이니라.

다만 모름지기 깊고 미묘함까지 다하는 데 이르러야 비로소
깨닫는 일을 알리라. 또 말해 보라. 깨닫는 일은 무엇인고?

지혜가 미치지 못하는 곳에서는 말하지 말라."

堂堂歷歷

上堂云 心不自心 始是心 眼不自眼 始是眼 堂堂無形跡
歷歷絶思惟 明滿環中 兎懷夜月 翠橫海上 犀暈秋山 直須
及盡玄微 始解承當底事 且道 承當底事作麼生 智不到處
切忌道着

만공법어

금가루와 눈병

법좌에 올라 말씀하셨다.

"법계엔 티끌이 없으니 마음 달이 뚜렷이 본래 밝아 (한 생각이) 싹 트기 이전을 돌이켜 비춘다. 오늘에 곧바로 분명히 밝혀라. 덕숭산에 있은 지 40년간 무엇 때문에 이와 같은고?"

金屑雖貴 금가루가 비록 귀하나
금 설 수 귀
落眼成病 눈에 떨어지면 병이 되느니라
락 안 성 병

金屑眼病

上堂云 法界無塵 心月圓本光 還照未萌前 今日直下分明

去 住於德崇四十年 爲甚麼如此 金屑雖貴 落眼成病

좌선하는 법

법좌에 올라 말씀하셨다.

"좌선하는 법은 별달리 긴요한 법칙이 없다. 일체 망상이 고요함이 좌坐이고, 화두의 의심이 성성惺惺함이 선禪이다. 성성함과 적적함을 함께 지니면 하루해가 가기 전에 성취하리라. 성성함과 적적함은 우선 그만두고 어떻게 할 것인가?"

양구 후에 말씀하셨다.

端居寶殿我無爲 단 거 보 전 아 무 위	보배 궁전[51]에 단정히 앉아 내가 아무것도 하지 않으나
四海五湖王化裡 사 해 오 호 왕 화 리	사해와 오호가 법왕의 교화 속에 있도다

주장자로 법상을 치고 법좌에서 내려오시다.

---

51   보배 궁전 : 부처님의 진신처眞身處.

坐禪之法

上堂云 坐禪之法 別無要法 一切妄想寂寂 是坐 話頭疑情
惺惺 是禪 惺寂等持 不日成之 惺寂卽且置 作麼生 良久
云 端居寶殿我無爲 四海五湖王化裡 打柱杖而下座

법기보살의 설법

법좌에 올라 말씀하셨다.

"『화엄경』에 이르기를, '금강산 중향성衆香城 법기보살[52]이 1만 2천 보살과 함께 항상 머물며 법을 설한다.' 했는데, 궁금하도다. 법기 보살이 무슨 법으로써 대중에게 보였는가?

그때에 법기보살이 1만 2천 보살을 부르니, 보살이 곧 응답하였다. 법기보살이 말하기를, '풀이 한 길이나 깊도다.' 하였다. 대중은 또한 일러라.

만약 이 뜻을 얻으면 참학參學하는 일을 마치겠지만, 만약 이 뜻을 얻지 못하였다면 눈[眼] 있는 돌 장승이 눈물을 흘리리라."

---

52   법기보살 : 금강산에 상주常住하는 보살로, 『화엄경』의 1만 2천 보살 중에 가장 주主되는 보살.

法起菩薩說法

上堂云 華嚴經云 金剛山衆香城法起菩薩 與萬二千菩薩
常住說法 未審以何法示衆 時法起菩薩 召萬二千菩薩 菩
薩便應 法起菩薩云 草深一丈 大衆且道 若得 參學事畢
若未得 有眼石人齊下淚

결제도 없고 해제도 없다

법좌에 올라 말씀하셨다.

"결제 때에도 결제할 것이 없고 해제 때에도 해제할 것이 없으니, 결제와 해제를 함께 분명히 해서 아무리 다녀도 다니는 줄 모르고, 아무리 앉아도 앉은 줄 모른다면, 곳곳마다 참으로 걸림이 없을 것이다."

또 말씀하셨다.

"세존이 도리천忉利天[53]에 올라가시어 어머니를 위하여 법을 설하시고 내려오실 때에 연화색蓮華色 비구니가 신통력으로써 가장 먼저 부처님을 친견하였다. 부처님께서 말씀하시되, '바위 위에 앉아 있는 수보리須菩提[54]가 가장 먼저 부처를 보았느니라.' 하시었으니, 이제 여기 대중은 어떻게 부처님을 뵈올 것인고? 각기 대답해 보아라."

---

53   도리천忉利天 : 삼십삼천天 가운데 수미산 꼭대기에 위치해 제석천이 머물고 있다는 하늘 세계.

54   수보리須菩提 : 석가모니의 십대 제자 중 한 사람으로, 해공제일解空第一이다.

대중이 대답을 못하거늘 스님이 양구 후에 말씀하셨다.

"만약 곁에 사람이 있으면 여래선如來禪을 면하지 못할 것이고 조사선祖師禪도 얻지 못할 것이다."

魚行水濁　　물고기가 지나가니 물이 흐려지고
어 행 수 탁
鳥飛毛落　　새가 날아가니 깃이 떨어지도다
조 비 모 락

주장자를 들어 법상을 세 번 치고 법좌에서 내려오시다.

無結無解

上堂云 結時 結無結 解時 亦無解 結解俱分明 行不知行
坐不知坐 處處眞無碍 又云 世尊 昇忉利天 爲母說法而下
來時 蓮花色比丘尼 以神通力 最先見佛 佛云 岩上宴坐須
菩提 最先見佛 今此大衆 如何見佛 各各答話去 大衆不答
師良久云 若有傍人 未免如來禪 不得祖師禪 魚行水濁 鳥
飛毛落 打柱杖三下 而便下座

마음의 체와 용

법좌에 올라 말씀하셨다.

"마음은 기탁할 곳이 없으니 그 형상은 의지할 곳이 없으며, 발로는
걸을 곳이 없으며, 언어로는 이를 바가 없으며, 보아서 모양을 이름
지을 수가 없으며, 얻어서 만질 수가 없다. 삼라만상이 마음의 작용
[用]이고, 태허공이 마음의 본체[體]이다.

　잘 노닒에 있어서는 무리 가운데 신선이요, 잘 응함에 있어서는
티끌 가운데 이류異類로다.

　그러므로 조사가 이르되, '참 성품 마음속 여래장如來藏은 머리
도 없고 꼬리도 없으되, 인연 따라 모든 중생을 교화하며 방편으로
지혜라 부른다.' 하니, 또한 어떠한 것이 인연 따라 만물을 교화하는
방편 지혜인가? 도리어 알겠느냐?"

莫怪坐來頻勸酒　앉아 자주 술을 권한다고 이상하게 여기지 말라
막 괴 좌 래 빈 권 주
自從別後見君稀　이별 후로 그대를 만나기가 드물었네
자 종 별 후 견 군 희

心體用

上堂云 心無所寄 形無所依 足無所履 言無所謂 不可見而
名貌 不可得而摩揣 森羅萬像等其用 太虛其體 至遊也 類
中之仙 善應也 塵中之異 所以祖師道 眞性心地藏 無頭亦
無尾 應緣而化物 方便呼爲智 且作麼生是應緣化物底方
便智 還會麼 莫怪坐來頻勸酒 自從別後見君稀

할과 방

법좌에 올라 말씀하셨다.

"옛날에 임제臨濟 스님은 항상 할喝을 쓰시고, 덕산德山 스님은 항상 방棒을 쓰셨다[55] 하는데, 오늘 대중은 임제의 할과 친한가? 덕산의 방과 친한가?"

이때에 벽초碧超[56] 선화가 곧 나와서 예배하니 노사가 물었다.

"벽초는 임제의 할과 친한가? 덕산의 방과 친한가?"

벽초가 대답하였다.

"임제의 할과도 친하지 않고, 또한 덕산의 방과도 친하지 않습니다."

---

55   임제臨濟~쓰셨다 : 방棒은 주장자를 세우거나 주장자로 때리는 것이고, 할喝은 크게 소리를 지르는 것이니, 둘 다 선사가 학인을 지도할 때 잘 쓰는 수단이다. 선가에서는 '덕산방德山棒'과 '임제할臨濟喝'이 유명하다. 임제臨濟(?~867) 스님은 중국 당나라 때 선승으로 선종의 일파인 임제종臨濟宗의 시조始祖이기도 하다. 황벽희운黃檗希運을 이어 중국 선종 11대 조사이다. 덕산德山(782~865) 스님은 당나라 때의 선승으로, 속성은 주周, 법명은 선감宣鑑, 시호는 견성대사見性大師이다.

56   벽초碧超 : 덕숭산에 주석한 선사.

만공법어   •

스님이 말씀하셨다.

"그러면 무엇과 친한가?"

벽초가 스님의 소리가 떨어지자마자 크게 할을 하니, 스님이 방망이로 한 번 때리시거늘 벽초가 절을 하고 자리로 돌아갔다. 스님이 말씀하셨다.

"전무후무前無後無로구나."

喝棒

上堂云 昔日 臨濟和尙 常喝 德山和尙 常棒 今日大衆 親

於臨濟喝耶 親於德山棒耶 時 碧超禪和 卽出禮拜 老師問

云 超親於臨濟喝耶 親於德山棒耶 超云 不親臨濟之喝 亦

不親德山之棒也 師云 然則親於何也 超應聲大喝 師一打

超禮拜退座 師云 前無後無

선학원에서 대중에게 보이다

스님이 법좌에 올라 말씀하셨다.

"목우자牧牛子[57] 스님이 이르시되, '대저 처음 발심한 사람은 모름 지기 악한 벗을 멀리 여의고 어질고 착한 이를 친히 가까이하여, 오계와 십계 등을 받아서 잘 지키고 범하고 열고 막을 줄 알라.' 하 셨다.

이 두어 글귀 가운데 꼭 한 글자가 사람으로 하여금 능히 죽이 고, 능히 살리고, 능히 놓아 주고, 능히 빼앗고 하는 글자가 있으니, 대중은 눈을 바로 뜨고 자세히 보아라."

於禪學院 示衆

師陞座云 牧牛子曰 夫初心之人 須遠離惡友 親近賢善 受
五戒十戒等 善知持犯開遮 於此數句文中 若有一字 令人
能殺能活 能縱能奪 大衆 着眼仔細看

---

57   목우자牧牛子 : 고려 때의 보조국사普照國師 지눌知訥(1158~1210)의 호.

제불의 열반

법좌에 올라 말씀하셨다.

"온 세상 다 비추는 이놈, 소식이 고요하고 세상 밖에 홀로 있어 그윽하고 신령하며 대상이 끊어졌도다. 면밀하여 새지 아니하고 넓고 툭 트여 모퉁이가 없도다. 맑고 텅 비어 하나로 섞이니 이 도리에는 명상과 언어가 끊어지고, 원만히 완전하게 이루어졌으니 도에 모남이 없도다.

모든 선덕들이여! 이것이 제불諸佛의 열반이니, 일체 환幻 같은 인연이 이로 좇아 멸하여 다했느니라. 또 일러라. 이러한 시절에 이르러서는 또 어떻게 실천할 것인가."

양구 후에 말씀하셨다.

霜天月落夜將半　서리 찬 하늘에 달은 지고 밤은 깊었는데
상 천 월 락 야 장 반
誰共澄潭照影寒　맑은 물에 차갑게 비추는 그림자를
수 공 징 담 조 영 한
　　　　　　　　　누구와 함께할까

諸佛涅槃

上堂云　寰中叶照 消息平沈　方外獨存 幽靈絶對　綿密不漏　寬廓無隅 清虛一互而理絶名言　圓滿十成也　道無稜角　諸善德 箇是諸佛涅槃　一切幻緣　從此滅盡　且道 到恁麽時節　又作麽生履踐　良久云 霜天月落夜將半　誰共澄潭照影寒

육근과 사대

법좌에 올라 말씀하셨다.

"육근六根[58]의 근원을 돌이키면 철저히 신령스럽고 밝아 비할 데가 없으며, 사대四大의 본성으로 돌아가면 온몸이 본래 청정하여 한 티끌도 없다. 곧바로 인연을 끊고 상속됨을 끊으면 옛과 지금이 섞여서 같고 다름이 없으리라.

여러분들은 도리어 체득하여 자세히 알았는가?"

게송으로 말씀하셨다.

露鳥不萌枝上夢　백로는 싹트지 않은 가지 위에서 꿈꾸고
로 조 불 맹 지 상 몽
覺花無影樹頭春　깨달음의 꽃은 그림자 없는 나무 끝에서
각 화 무 영 수 두 춘　봄을 피우네

58　육근六根 : 육경六境을 인식하고 판단하기 위한 능력이 있는 기관으로, 눈·귀·코·혀·몸·뜻을 이른다.

六根四大

上堂云 六根返源 徹底靈明無類 四大性復 通身淸淨無塵
直得絶因緣 斷相續 混古今 泯同異 諸人還體得委悉麼 頌
云 露鳥不萌枝上夢 覺花無影樹頭春

정수리부터 바닥까지 뚫음

법좌에 올라 말씀하셨다.

"정수리부터 바닥까지 뚫어서 근원을 철저히 뚫은 사람이 무엇 때문에 걸어갈 때에 길을 잃고 올라갔다 내려갔다 하며, 모난 데도 합하고 둥근 데도 합한 사람이 무엇 때문에 눈을 감았을 때에 처소를 잃는가?

여러 선덕들이여! 어떻게 실행해야 통달하여 동일하게 관철할 수 있겠는가?" 양구 후에 말씀하셨다.

好手猶如火裏蓮   좋은 수완은 마치 불 속의 연꽃과 같으니
호 수 유 여 화 리 연
他家自有沖天意   저 가풍은 스스로 하늘을 찌르는 뜻이 있도다
타 가 자 유 충 천 의

透頂透底

上堂云 透頂透底 徹根徹源底人 爲甚麼 跨步時 失却路
頭 隨高隨下 合方合圓底人 爲甚麼 合眼時 失却處所 諸
禪德 作麼生履踐 得通同一貫去 良久云 好手猶如火裏蓮
他家自有沖天意

평등성지에 머물다

법좌에 올라 말씀하셨다.

"한 티끌 속에 헤아릴 수 없는 국토를 갖추었고, 한 생각이 한량없는 겁수劫數[59]를 초월하였으며, 한 몸이 가없는 중생을 나타내었고, 한 몸이 무수히 많은 부처와 합하였도다.

그러므로 이르되, '대원각大圓覺으로써 나의 가람[60]을 삼으니 몸과 마음이 평등성지平等性智에 편안히 있노라.'라고 한다. 이러한즉 공간으로써 한계를 삼지 못하고 시간으로써 구애될 바가 없다.

나와 남이 화합하니 물과 우유가 서로 섞이듯 하고, 손님과 주인이 짝하여 참례하니 거울과 형상이 서로 비추듯 하도다. 그런즉, 저 발을 움직이지 않고 생명을 보호함에 이르러서는 또 어떻게 말하리오?"

---

59   겁수劫數 : 원래는 불교 용어로 '헤아릴 수 없는 매우 긴 시간'을 가리키는 말이었으나 훗날 '액운, 재난'을 가리키는 말도로 쓰이게 된다. 여기서는 '긴 시간'을 가리킨다.

60   가람 : 승려가 살면서 불도를 닦는 곳으로, '승가람·승가람마·승가라마'라고도 한다.

만공법어   •

양구 후에 말씀하셨다.

心心無別心   마음마다 별다른 마음이 없고
심 심 무 별 심
步步不迷方   걸음걸이마다 갈팡질팡 헤매지 않도다
보 보 불 미 방

居平等性智

上堂云 一塵具無量刹土 一念超無限劫數 一身現無邊衆
生 一體合無數諸佛 所以道 以大圓覺 爲我伽藍 身心安居
平等性智 恁麼則不可以方所爲限 不可以時分爲拘 自他
和合 則水乳相同 賓主伴參 則鏡像相照 至如禁足護生 又
且如何話會 良久云 心心無別心 步步不迷方

암자를 태운 이야기

스님이 법좌에 올라 남전보원南泉普願[61] 선사의 '암자 태운 이야기'
를 들어 말씀하셨다.

"남전 화상이 젊었을 때에 모암茅庵에 잠시 머물렀다. 한 선객
과 함께 밭을 매러 가서는 남전은 그대로 밭을 매고 선객에게는 가
서 밥을 지으라 하였다. 그런데 선객이 모암에 불을 질러 다 태워
버리고 풀밭 위에 햇볕을 쬐며 누웠다. 남전도 그를 따라 풀밭에
누워서 하는 말이 '너만 그러할 뿐 아니라 나도 그러하다.' 하였으
니, 또한 말해 보라. 너희들은 어떻게 생각하느냐?

내가 만약 당시에 그곳에 있었더라면 그 납자의 목숨이 거의
위태로웠을 것이다."

---

[61] 남전보원南泉普願(748~834) : 중국 당나라 때 스님으로, 마조도일馬祖道一의
      법제자이다.

燒庵話

師上堂 擧南泉願 燒庵話云 泉和尙少時 乍住茅庵 有一衲
客 共鋤山田 泉仍舊鋤田 客令去作飯 客仍火燒茅庵了
芳草頭上 當陽臥 泉亦隨喜臥芳草 非但汝然 吾亦然 且道
汝等 作麼生商量去 我若當時在彼 衲子性命幾至稀

파계사 성전에서 영가 천도 법문

법좌에 올라 말씀하셨다.

"업이 가벼운 자는 명이 짧고, 업이 무거운 자는 장수하느니라."

게송으로 읊으셨다.

虛無眞實體 허 무 진 실 체	텅 비어 없는 진실한 몸에
人我何所有 인 아 하 소 유	인아상[62]이 어디에 있을까 보냐
妄情不休息 망 정 불 휴 식	허망한 마음을 쉬지 아니하면
卽泛般若船 즉 범 반 야 선	곧바로 반야선[63]을 띄우리라

---

62   인아상人我相 : 너와 나를 구별하는 상相이다.

63   반야선般若船 : 무지無智의 중생 세계에서 즐거움의 피안彼岸으로 건너는 지
      혜를 비유한 말.

把溪寺聖殿 靈駕薦度法門

上堂云 輕業者 夭壽 重業者 長壽

頌曰

虛無眞實體 人我何所有

妄情不休息 卽泛般若船

선학원 고승대회 법어
1941년 3월 10일 선학원에서

법좌에 올라 양구 후에 주장자로 법상을 세 번 내리치고 말씀하셨다.
"고인이 이르시기를, '법문을 들을 때에는 살얼음 밟는 것과 같이
하라.' 하였으니, 이것은 법문을 들을 때에 다른 경계를 반연하지
말라는 말이다. 한 조각 또렷한 밝음으로 법문을 들으시오.

(법문은) 혼침昏沈하여도 듣지 못하고 산란散亂하여도 듣지 못
하니, 청법의 자세를 갖추지 않은 것입니다. 일체 망상을 고요히
하고 청법하려는 마음이 성성하여 지극한 정성과 간절한 마음으
로 법문을 들어야만 헛된 일이 되지 않는 것입니다. 만약 혼침과
산란한 마음으로 법문을 듣는다면 비록 백천만겁토록 법문을 들
을지라도 조금도 이익이 없을 것입니다.

일전에 박한영朴漢永(1870~1948) 스님이 부처님께서 직접 설하
신 『범망경梵網經』64을 설하고, 다음으로 동산東山 스님이 또 『범망

64　『범망경梵網經』: 상하 2권. 상권에는 석가모니가 지혜의 광명을 놓아 대중에
　　게 연화장세계를 나타내고 비로자나불이 40가지 법문을 설한 내용이고, 하권
　　에는 대승계율을 설하였다. 하권만을 따로 『보살계본』이라고 하여 대승 불교의
　　독자적인 보살계로서 중요시되었다.

경』을 설하였습니다. 이 『범망경』은 한 번 들어서 귀에 스치기만 해도 그 공덕으로 능히 백천만겁의 죄를 벗어나고 곧 성불할 수 있다고 하시었으나, 오늘 산승이 어떤 법문을 설한다 할지라도 부처님께서 친히 설하신 법문에는 미칠 수가 없습니다.

그러나 사부대중[65]이 이미 운집하여 나에게 굳이 설법하기를 청하니, 만약 설하지 않는다면 도리어 분주를 떠는 것 같아서 부득이 이 자리에 오르게 된 것입니다.

비록 그러하지만 듣는 분들이 듣고 실행하면 일언일구가 다 좋은 법문이 될 것이요, 듣는 분들이 듣고도 실행하지 아니하면 비록 좋은 법문일지라도 헛되게 돌아가고 말 것이니, 오직 원컨대 대중은 듣고 실행하여 주기를 바랍니다.

세속 사람들은 '자신에게 이르러 후손이 끊어지면 선조에게 죄를 짓게 되니, 죄가 이보다 더 큰 것이 없다.'라고 하였습니다. 우리 불법도 또한 그러하여 불자의 몸으로서 여래의 혜명을 이어 융성하게 하지 못한다면 이것이 불법 중에 큰 죄인이라 하겠습니다.

여래의 혜명이란 무엇을 말하는가? 세존이 설산雪山에 들어가시어 6년 동안 움직이지 않고 수행하시어 납월 초여드렛날[66] 새벽에 밝은 별을 보고 도를 깨치셨다 하니, 그때에 세존은 바로 여래

---

65   사부대중 : 불문佛門의 네 부류로, 비구比丘(남승)·비구니比丘尼(여승)·우바새 優婆塞(남신도)·우바이優婆夷(여신도)를 말한다.

66   납월 초여드렛날 : 석가모니께서 설산 보리수 아래에서 성도成道하신 음력 12월 8일을 말한다.

의 혜명을 증득하신 것입니다.

그러나 여기 모인 대중은 부처님의 혜명을 이어 융성하게 하였는가? 이 혜명은 불에 들어가도 타지 않고, 물에 들어가도 젖지 않고, 모난 것도 아니요 둥근 것도 아니요, 짧은 것도 아니요 긴 것도 아니요, 나는 것도 없고 죽는 것도 없음이요, 시작도 없고 마침도 없는 것이니, 비록 우주는 괴멸해도 여래의 혜명은 끝내 괴멸하지 않습니다. 어떻게 하면 부처님의 혜명을 이을 것인가? 사람들이여! 꿈도 없고 깸도 없는 때의 경계를 알겠는가?

온 세계와 내가 모두 적멸하여야 남과 나라고 하는 상이 단박에 끊어지니, 이러한 때에 나의 주인공이 어떤 곳에서 안신입명安身立命을 하는가?

이 경계를 깨달은 자는 바로 부처님의 적자입니다. 만약 그렇지 못하다면 주인공의 안신입명을 깨닫지 못한 자이며 부처님의 혜명을 잇지 못한 자입니다. 이러한 자는 삭발은 그만두고서도 눈썹까지 깎은 자라 할지라도 불자佛子가 될 수 없습니다.

부처님의 혜명을 계승하지 못한 자라면 천상천하에 용납할 수 없는 큰 죄인이 될 것이니, 마땅히 불자라면 항상 부처님의 혜명을 이을 생각을 가져야 하겠습니다. 혹은 이러한 것은 세속 사람과 관계가 없는 일이라고 말하는 이가 있으나 전혀 그렇지 않습니다.

왜냐하면 부처님은 삼계三界[67]의 대도사大導師이시며, 사생四

---

67   삼계三界 : 생사유전生死流轉이 쉴 새 없는 미계迷界를 욕계欲界·색계色

生[68] 육취六趣[69]가 다 부처님께 속한 것이니, 그런즉 비록 세속의 사람일지라도 자기 주인공의 안신입명처를 깨달은 자라야 비로소 사람 가운데 사람이라 하겠습니다.

만약 그렇지 않다면 사람이라도 사람이 아니니, 그러므로 혜명을 얻은 자는 참사람이요, 혜명을 얻지 못한 자는 사람이 아니라 육취의 한쪽을 윤회하는 자라 하겠으니, 어느 때에는 말과 소가 되고, 어느 때에는 날짐승 길짐승이 되어 육취 중에 왕복하지 않을 곳이 없습니다.

그러므로 윤회를 면하고자 하려면 꿈도 없고 생각도 없을 때에 자기의 주인공이 어느 곳에 안신입명하는가를 깨달아야 하니, 이것이 바로 참사람이요, 비로소 육도 윤회를 면하는 참사람이라 하겠습니다.

우리 불법 중에 벽을 바라보고 마음을 관하는 것도 또한 다른 일이 아니라 안신입명처가 부처님이 깨달으신 것과 같음을 알아차려 영원히 참사람이 되게 하려는 것이 본래 뜻이라 하겠습니다. 이것이 다만 승려만이 하는 일이요, 세속 사람이 할 일이 아니라면 어찌 정법이라 하겠습니까. 백천만겁에 다시 이류異類인 동물이

界 · 무색계無色界로 분류하여 삼계라 한다.

68 사생四生 : 생물이 태어나는 네 가지 방법으로, 태생胎生 · 난생卵生 · 습생濕生 · 화생化生을 말한다.

69 육취六趣 : 육도六途라고도 하며, 생사윤회를 하는 지옥 · 아귀 · 축생 · 아수라 · 인간 · 천상을 말한다.

되지 않고 참사람이 된다면, 속俗이 곧 진眞이요, 진이 곧 속이라 하겠습니다.

그러나 어리석은 사람의 소견으로 보는 불법에는 의복을 입는 것이나 음식을 먹는 것이 승속이 다름이 없거늘, 무슨 까닭으로 세상에 불법이 있어 이 세상 사람을 번거롭게 하느냐고 말하는 이도 있습니다. 그러나 그것은 실로 그렇지 않습니다.

불교는 세상을 여의고 있는 것이 아니요, 사생 육취 속의 모든 것들이 다 각성覺性을 가지고 있으니, 각 아닌 것이 없습니다. 불교가 본래 이와 같건마는 중생이 천만 가지의 근성이 제각기 다르기 때문에 불법도 또한 천만 가지의 방편이 있는 것입니다. 비록 그렇지만 근기로써 논한다면 다 부처이므로 깨치면 성인이요 부처이며, 미혹하면 범부요 중생입니다.

그러나 깨닫는 것이 어렵기도 하고 또한 쉽기도 하니, 어렵다는 것은 석가세존과 같은 성인도 설산에 들어가시어 6년간 움직이지 않고 고행하셨으니, 범부의 업신으로 실로 수행의 본분이 없이 어찌 쉽게 깨달을 수 있겠습니까? 그러나 쉽다고 말하는 것은 쉽고 쉬워서 터럭만큼의 간극도 없으니 옷을 입고 음식을 먹으며, 가고 머물고 앉고 눕고 어묵동정語默動靜의 일체처 일체시가 다 마음의 작용이어서 불법이 곧 마음입니다.

이 도리를 깨달으면 눈을 뜨고 감음에 닥치는 곳마다 불법이 아닌 것이 없습니다. 그런즉 어찌 반드시 불공을 드리고 가사를 짓고 탑을 쌓고 개금改金을 하는 것만이 불법이겠습니까? 깨달은 자의 행동은 일마다 다 불사佛事입니다.

　세상에는 불법을 비방하는 사람이 있어 말하되, '이제부터 얼마 아니 가면 반드시 종교가 멸망할 때가 있으리라.'라고 하나, 이것은 어리석은 자의 견해일 뿐 전혀 그렇지 않습니다. 불교는 멸망시킬 수도 없고 번창시킬 수도 없습니다. 만약 불교를 멸망시킨다면 사람이 자기의 마음을 멸망시키는 것과 같으니, 혹 세상 사람으로서 자기의 마음을 멸망시킬 수가 있겠습니까? 그렇다면 자기의 몸이 불교이거늘 어찌 감히 불교를 멸망시킨다고 하겠습니까? 이것은 현 상황에도 맞지 않고 이치에도 맞지 않은 말입니다. 이 때문에 멸망시킬 수 없습니다.

　이와 같이 나쁜 아니라 옛적 성현들도 이구동음異口同音으로 '마음이 곧 부처다.' 하시었으니, 이것은 한 사람만의 말이 아니거늘 어찌 헛된 말이라 하겠습니까?

　불법을 없애고자 하는 그대의 마음도 곧 부처이니 자기 마음의 부처를 멸망시킬 수 없습니다. 만약 예불하는 의식과 불상의 모습으로 불법을 삼는다면 혹 멸망시킬 수도 있겠으나, 마음이 곧 부처인데 어찌 증감할 부분이 있겠습니까.

　설사 이름나지 않은 스님이 불법을 비방할지라도 이것은 형식에 불과할 뿐이고, 혹 사원을 헐고 불상을 철거하면 이것은 불교를 멸망시키는 일이라 하나 이는 스스로 속임을 당하는 행위입니다. 왜냐하면 비록 불상은 훼손한다 할지라도 그대의 불심佛心은 여전히 남아 있으니, 그러므로 불법은 천겁을 지날지라도 옛것이 아니고, 만년을 지날지라도 늘 그대로여서 불생불멸하고 부증불감하여 온 세계의 항하사 중생이 모두 이 속에서 유희할 뿐입니다. 불법이 본래 이와 같으니, 이렇게 알고 지극한 마음으로 받들면 바야흐로 자타의 속임을 받지 않을 것입니다.

원래 불법은 입을 열기 전에 그르침이라, 종횡무진으로 종일 설할지라도 이 불법을 대하여서는 모두 다 마군의 업입니다.

『허공장경』에 이르되, '명상名相도 마군의 업이요, 문자도 마군의 업이요, 내지 부처님의 말씀에 이를지라도 역시 마군의 업이니라.' 하셨으니, 어째서 마군의 업이라 했는가? 우리 부처님께서는 49년간 설법하시고서 최후에 한 글자도 직접 설한 바가 없다고 하셨으니, 그렇다면 『열반경』 40권이 다 마군의 설입니다. 그렇다면 어떠한 곳을 마군의 업이라 이르는가? 이 도리를 증득한다면 석가여래가 다시 오신 것입니다."

게송으로 말씀하셨다.

妄無妄妄是眞 망 무 망 망 시 진	망에 망이 없으면 망이 곧 진이요
眞有眞眞是妄 진 유 진 진 시 망	진에 진이 있다면 진이 곧 망이로다
如是眞妄外 여 시 진 망 외	이와 같은 진망 밖에서
達摩渡西來 달 마 도 서 래	달마가 서쪽에서 건너오셨도다

주장자로 법상을 세 번 치고 법좌에서 내려오시다.

　　　　　　　　　　　　만공법어

禪學院高僧大會時法門

-辛巳年 三月 十日

上堂良久 卓柱杖三下云 古人云 聽法之次 如履薄氷 此是
聽法之次 不得攀緣異境 一段孤明 聽法之說

昏沈 聽不得 散亂 聽不得 亦不備聽法之態勢 一切妄想
寂寂 聽法之心 惺惺 至誠至心聽法 方得不爲虛事 若昏沈
與散亂之心聽法 雖經百千萬劫而聽法 少無利益

前日朴漢永和尙 說佛之親說梵網經 次前東山和尙 亦說
梵網經 此梵網經 一聞歷耳 以此功德 能脫百千萬劫之罪
卽得成佛 今日山僧 雖說何法 不及於佛之親說 然而四部
衆 旣已雲集 强請說法 若不說 反爲煩亂 不得已登座

雖然如是 聞者 聞而行之 一言一句 皆賢善之法門 聞者
聞而不行 雖賢善之法 歸於無用虛地 唯願大衆 聞而行之
世俗門戶 至於自身而絶孫 得罪於先祖 罪莫大於此云 我
佛法亦爾 以佛子之身 不得紹隆於如來之慧命 此爲佛法
中大罪人也 如來慧命 將何謂之 世尊入雪山 六年不動而
修行 臘月八夜 見明星悟道 其時直證如來慧命 然而現前
大衆 紹隆佛之慧命麼 從上慧命 入火不燒 入水不濕 無方
無圓 不短不長 無生無滅 無始無終 雖宇宙壞滅 如來慧命
終不可滅 如之何也則可紹佛之此慧命耶 人人無夢無惺時
之境界 覺知麼也未

世與我 我與世 一切寂滅 頓絶人我之想 正當此時 吾之主

● 상당법어   097

人公 在甚麼處安身立命 此之境界 覺悟者 卽是佛之嫡子
若不然者 不得覺悟安身立命處者 不得紹隆佛之慧命者
若如是者 削髮且置 雖削尾毛 不得爲佛子

佛之慧命 不得紹隆者 天上天下 不容之大罪人也 宜是乎
佛子 恒作續佛慧命之念 或有與俗無關之事云云 大不然
何也 如來 三界大導師 四生六趣 皆屬於如來 然則雖在世
之人 覺得自己主人公 安身立命處 方可謂人中之人

若不然則人中非人 是以 得慧命者 眞人 不得慧命者 非人
輪廻於六趣之一分者之人 有時 作馬牛 有時 作飛禽走獸
六趣中無所不往 無所不復

欲免輪廻 覺得無夢無想時主人公安身立命處 卽是眞人
始爲得免輪廻於六趣之眞人

我法中面壁觀心 亦非他事 安身立命處 覺得 如佛之所覺
令永欲作眞人之本意 但僧之所事也 非世人之所事 何謂
正法也 百千萬劫 不復作異類而爲眞人 俗卽眞 眞卽俗也
然而愚人所見之佛法 衣服與飮食 與世無異 何故 世有佛
法 煩悶此世人云 實非其然也

佛敎 非離世間之佛敎也 四生六趣中盡是覺而已 無有不
覺者 佛敎 本來如是 衆生 有千萬種種之根性 故佛法亦有
千萬種種之方便

雖然 以根論之 卽是佛 悟則聖也 佛也 迷則凡夫也 衆生
也 然而覺之者亦難亦易 言難者 釋尊 入山 不動六年而苦

行 凡夫之業身 實無修行之分

言易者 易兮易兮 無間隙 衣服飲食行住坐臥語默動靜一
切處一切時 皆是心之作用 佛法卽心也 覺此道理 合眼開
眼 觸處無非佛事 何必佛供袈裟造塔改金等也 悟者之所
行 事事卽是佛事 世有謗法之言 謂自此已去 必有滅却宗
敎之期云 此愚人之所解 大不然也 佛敎 滅却也不得 繁興
也不得 若滅却佛敎 如人滅却自身之心 或有世人 滅却自
身之心耶 云自身佛徒也 豈敢言滅却佛敎之事也 不合於
現時而無理之說也 由是[70]不得滅却也

如是云云 吾亦云 古來賢聖 異口同音 卽心是佛 此非一人
之所說 豈謂虛言哉 欲滅佛法之汝心 卽是佛 不得滅却自
心之佛矣 若以儀式形像 而爲佛法則或有滅却之分 卽心
是佛 豈有增減之分 設無名僧 謗佛謗法 此不過形式而已
也 或毀寺撤佛像 卽是滅却佛敎云 此爲自受欺瞞之行也
何者 雖毀撤佛像 汝之佛心猶在 是以佛法 歷千劫而不古
亘萬歲而長今 不生不滅 不增不減 盡大地恒沙衆生 皆遊
戲於此中 佛法 本來如是 如是委悉 至心崇奉 則方不受自
他之欺瞞 原來佛法 未開口錯 橫也說 竪也說 終日說之
對此佛法 盡是魔業

虛空藏經云 名相 魔業 文字 魔業 至於佛語 亦是魔業 何

---

70   是 : 본문에는 '何' 자로 되어 있으나 문맥이 통하지 않아서 '是' 자로 바꾸었다.

謂魔業也 我佛 四十九年說法之最後 不應親說一字 然則

涅槃經四十卷 盡是魔說 向甚麼處 謂之魔業 證此道理 卽

是釋迦如來再來

說偈曰

妄無妄妄是眞 眞有眞眞是妄

如是眞妄外 達摩渡西來

擊禪床三下而下座

일본인 총독 남차랑南次郎[71]에게 일할一喝
1937년 3월 11일 총독부 제1 회의실에서

스님이 충남 대본산 마곡사 주지로 잠깐 계실 때의 일이다. 마침 31개 본산 주지 회의가 조선 총독부 제1 회의실에서 열린다고 해서 나갔더니, 조선 13도 도지사와 31본산 주지가 모여서 조선 불교의 진흥책을 논의하려는 참이었다.

그때에 일본 총독 남차랑이 혀를 놀려 말하였다.

"조선 불교는 전前 총독이었던 사내정의寺內正毅 씨의 공이 막대하니 응당 일본 불교에 종속되어야 한다."

이에 스님이 분연히 자리를 차고 일어나 단상에 올라 크게 호령하여 말씀하셨다.

"청정본연淸淨本然커늘 어찌하여 산하대지山河大地가 나왔는가?"

스님이 큰소리로 한 번 할을 하니, 그 소리는 시방을 뚫었고 위

---

[71]   남차랑南次郎 : 일본 군인. 1929년 조선군 사령관, 1936년부터 7대 조선 총독으로 6년 재임. 창씨개명운동, 일어상용日語常用 등 민족문화말살정책을 무단정치武斷政治로 강행하였으며, 제2차 세계 대전의 전범戰犯으로 종신형을 받은 자이다.

엄은 장내場內에 넘쳤다. 온 대중이 놀라 어찌할 줄을 모르거늘, 스님이 그 불가함을 힘주어 말씀하셨다.

"사내정의는 조선의 승려로 하여금 일본 승려를 본받게 하여 부처님의 계법을 깨트리게 한 큰 죄악을 지은 사람이니 마땅히 무간아비지옥無間阿鼻地獄[72]에 떨어져서 한량없는 고통을 받을 것이니라."

또 정치와 종교는 분립해야 한다는 주장을 제기하고 소매를 떨치며 단상에서 내려왔다.

이날 밤, 스님의 도반인 한용운韓龍雲(1879~1944)[73] 스님이 찾아와서 말했다.

"잘했다, 사자후獅子吼여! 한 번의 할이 그들의 간담을 떨어뜨렸을 것이다. 비록 한 번의 할이 좋기는 하지만 통쾌한 방망이를 휘둘러 때려 줄 것이지."

스님이 크게 웃으며 대답하셨다.

"차나 한잔 드세, 이 좀스런 사람아! 어리석은 곰은 방망이를 쓰지만 영리한 사자는 할을 쓰지."

그 이튿날, 대중들이 스님께 법상에 올라 설법하시도록 청하

---

72 무간아비지옥無間阿鼻地獄 : 팔열八熱 지옥의 하나. 오역죄五逆罪의 하나를 범하거나, 절을 파괴하거나, 성중聖衆을 비방하고 시줏물을 함부로 축내는 자들은 이곳에 떨어진다.

73 한용운 : 호는 만해萬海. 3·1운동 때 민족 대표 33인 중의 한 분. 항일 독립운동에 앞장선 큰스님으로 선禪·교教에 모두 밝았다.

만공법어 •

였다. 스님은 마지못해 법상에 오르려 하는데, 그때 대중 가운데 무엄한 자가 있어 가만히 법상 뒤로 가서 법상을 번쩍 들어 메쳐 스님을 땅에 떨어뜨렸다. 그러나 스님은 조금도 낯빛이 바뀌지 않고 적연부동寂然不動하고 태연자약한 채 묵묵히 앉아 양구하고 조용히 일러 말씀하셨다.

"너는 어찌 다만 법상을 밀어 거꾸러뜨릴 줄만 알고 붙들어 일으킬 줄을 모르느냐? 매듭만 짓고 풀 줄을 모르니 과연 어리석은 놈이구만."

이런 일이 있은 후로부터 스님의 훌륭한 명성이 온 나라에 충만하게 되었다.

對日人總督 南次郎 一喝

-丁丑年 三月 十一日

師爾寺 權主麻谷寺主職 適赴三十一本山住持會議 于朝鮮總督府第一會議室 共集十三道知事 與三十一本山住持等 論議佛敎振興策

時 日人總督南次郎 饒舌之曰 朝鮮佛敎 前總督 寺內正毅之功 莫大 應可從屬日本佛敎 師於是 奮然蹴座 起立登壇而大號令云 淸淨本然 云何忽生山河大地 便振聲一喝 聲徹十方 威壓滿場 一衆驚騷 罔知所措 師力說其不可 寺內正毅 使朝鮮僧侶 效日僧 破戒法 大罪惡人 應墮無間阿鼻地獄 受苦無量矣 又說政敎分立論 拂袖而下壇

其夜 師之畏友 韓龍雲和尙 訪來云 善哉獅子吼 一喝落肝
膽 雖好一喝善 爭似揮痛棒 師呵呵大笑云 喫茶去 是狐狸
子 痴熊用棒 獅子用喝

翌日 衆等請師陞座說法 師不辭 纔登高座 衆中有無嚴之
輩 潛至床後 便乃推倒法床 令師墜落轉地 師少無變色 寂
然不動 泰然自若 仍舊默坐 良久 從容謂言 汝何但知推倒
不知扶起耶 有結而無解者 是曰痴狂漢 從此 師英名道譽
充滿一國

거량

舉揚

매미 소리를 감별하다
보덕사에서 수박 공양할 때

스님이 대중과 더불어 수박 공양을 하려 할 때였다. 마침 나뭇가지에서 유유히 우는 매미 소리를 들으며 대중을 둘러보고 말씀하셨다.

"누구든지 날랜 사람이 있어 매미를 맨 먼저 잡아 오는 사람에게는 수박 값을 안 받기로 하고, 만일 못 잡아 온다면 동전 서 푼씩 내야 하겠다."

이때에 어떤 이는 매미 잡는 시늉을 내고, 어떤 이는 매미 우는 소리를 내었으며, 어떤 이는 할을 하였고, 어떤 이는 주먹을 들어 보이는가 하면, 또 어떤 이는 스님의 등을 탁 때리고 말하기를, "매미를 잡아 왔습니다." 하니 스님이 말씀하기를, "모두 돈 서 푼 내라." 하였다.

그때에 금봉錦峰 스님이 나와서 원상圓相을 그려 놓고 말하였다.

"상 가운데는 부처가 없고[相中無佛], 부처 가운데는 상이 없습니다.[佛中無相]"

그러나 스님은 "금봉 자네도 서 푼 내게." 하였다.

마침 보월寶月 선화가 출타했다가 들어오자 스님이 말씀하셨다.

"잘 왔도다, 보월 스님이여! 지금 대중이 이러이러했으니 자네

 •

도 한 구절 말해 보게."

보월은 곧 주머니 끈을 풀고 돈 서 푼을 꺼내 스님에게 올렸다. 스님이 웃으며 말씀하셨다.

"자네가 비로소 내 뜻을 알았네."

[평] 바다 밑 진주를 취하고자 하는 자, 바다 밑까지 뚫고 들어가라.

堪辯蟬子

－於報德寺供養水瓜時

師因庭前樹上 聞蟬鳴 乃遍告大衆云 誰有疾捷者 捕捉蟬子來 供養水瓜無錢食 若不然者 瓜價三錢 合出來 衆中或者 乃作捕蟬之勢 有或者 而作蟬鳴之音 或者 一喝 或者 擧拳 或者 師後打背云 蟬子捕來 師云 總出錢三分 時有錦峰 出來畫圓相而云 相中無佛 佛中無相 然師云 錦峰亦出三分 適間 寶月禪和 隨後到來 師顧問曰 善來寶月 只今大衆 作如是如是事 子亦試道一句看 寶月 卽解囊索 出示三錢 師微笑曰 子方知余意

[評] 欲取眞珠 透入海底

금붕어 한 꼬리

금봉 선화가 대승사大乘寺에 있을 때에 편지를 보내어 스님께 물었다.

"제가 금붕어 한 꼬리를 낚고자 하오니, 스님께서는 허락하여 주시겠습니까?"

스님이 답하였다.

"너에게 작은 고기 한 마리만 허락하노니 먹겠느냐, 말겠느냐?"

[평] 작은 고기가 아무리 입이 커도 큰 고기에는 미치지 못한다.

金鱗一尾

錦峰禪和 在大乘寺時 以書問師曰 迷衲欲釣金鱗一尾 和尙 還許也無 師答曰 許汝小魚一味 還喫也未

[評] 小魚大口不及大魚

보려고 하는 자가 누구인가

어떤 학인이 스님께 "불법이 어디에 있습니까?" 하고 물었다.

스님 : "다만 네 눈앞에 있느니라."

학인 : "눈앞에 있다면 저에게는 어찌하여 보이지 않습니까?"

스님 : "너에게는 너라는 것이 있기 때문에 보이지 않느니라."

학인 : "스님께서는 보셨습니까?"

스님 : "너만 있어도 안 보이는데 나까지 있다면 더욱 보지 못하나니라."

학인 : "나도 없고 스님도 없으면 볼 수 있겠습니까?"

스님 : "나도 없고 너도 없는데 보려고 하는 자가 누구냐?"

여기서 그 학인은 깨닫는 바가 있었다.

[평] 금가루가 비록 귀하나 눈에 들어가면 병이 된다.

求見者何誰

有學問和尙 佛法在何處

師曰 祗在目前

學曰 旣在目前 某甲 因何不見

師曰 汝有汝故 不可得見

學曰 和尙 旣已見之乎

師曰 有汝復有我 則漸不可見

學曰 無我而且無和尙 則乃得可見乎

師曰 無我無汝 可求見者 是何誰

學 省去

[評] 金屑雖貴 落眼成病

숭늉 그릇을 던지다
수월 화상

스님이 어느 날 수월 스님과 같이 앉아 이야기를 하다가 수월 스님이 숭늉 물그릇을 들어 보이며 말씀하셨다.

"이 숭늉 그릇을 숭늉 그릇이라 하지도 말고 숭늉 그릇 아니라 하지도 말라. 자! 말해 보시오. 무엇이라 부를 건가?"

스님이 문득 숭늉 그릇을 들어 밖으로 집어 던졌다. 수월 스님이 "잘하였소! 참으로 잘하였소!" 하고 찬탄하였다.

[평] 한 구덩이에 다른 흙이 없구나.

湯器投擲 －水月和尙

師一日 與水月和尙 共坐對談 水月和尙 便提示湯器而云
於此湯器 不喚作湯器 亦不喚作非湯器 且道 甚麼喚作 師
卽捉湯器 而投擲於房外 水月和尙嘆曰 善哉 眞是善哉
[評] 同坑無異土

문 앞에서 곡성을 내다

혜봉 선사

혜봉 스님이 어느 날 스님의 처소에 찾아와 문안에 들어오지 않고 밖에서 세 번 곡성[74]을 하니, 스님은 방안에 누워서 일어나지 않은 채 세 번 곡성을 내어 화답하였다.

그러자 혜봉 스님이 방에 들어와 "하하!" 하고 크게 웃으니, 스님은 벌떡 일어나 손뼉을 세 번 쳤다.

[평] 풍설風雪[75]이 과연 심하구나.

門前哭聲　 -慧峰禪師

慧峰禪師一日 到和尙住處 不入門內 門前便作哭聲三下 師房中偃臥仍不起 乃和三作哭聲 慧峰入室 呵呵大笑 師 便起立 拍掌三打

[評] 風雪太甚

74　곡성 : '아이고, 아이고.' 하며 곡하는 소리이다.
75　풍설風雪 : 세상살이의 온갖 고난을 비유적으로 이르는 말, 또는 허풍을 가리킨다.

무자10종 병에 대한 문답

망월사 대중이 용성龍城 조실스님께 말씀드렸다.

"지금 여러 처소에서 분수와 정도를 넘는 학인學人들이 많습니다. 무슨 문제 하나 내주시면 각 처소에 돌려 경책警策하려 합니다."

용성 스님이 말씀하였다.

"조주趙州 스님 무자 화두에 열 가지 병을 여의고, 한마디 일러 보시오."

이 글귀를 각 선방에 돌렸더니, 덕숭산 만공 스님이 회답을 보내왔다.

"중이 조주에게 묻되, '개도 불성이 있습니까, 없습니까?' 하니 조주 스님이 이르되, '무'라 하였다."

금정산 혜월慧月 스님은 답하였다.

"맹성 일할猛聲一喝하노니, 나의 이 한 할이 옳으냐, 그르냐?"

태화산 성월性月 스님은 답하였다.

"망월산 마루턱 구름이요, 금정산 아래 도적이로다."

상왕산 보월寶月 스님은 답하였다.

"그 무無 자에 몇 가지 병이 있는가?"

삼각산 용성 스님은 자답하였다.

"박 넝쿨이 울타리를 뚫고 나가 삼밭에 누웠도다."

후일 혜암惠庵 스님은 이렇게 평하였다.

"한가한 경계에 누워 병든 사람이다."

[평] 더욱 깊어지는 중병자重病者들이여.

無字十種病問答

望月寺大衆問龍城和尙 現今諸方衲子 不無越分過度 問
題提示 諸方通報警策 龍城和尙云 離無字十種病 道將一
句來 此一句通報於諸方 德崇山 滿空和尙 答云 僧問趙
州 狗子還有佛性也無 州云無 金井山 慧月和尙云 猛聲一
喝云 我此一喝 是也非也 泰華山 性月和尙云 望月嶺頭雲
金井山下賊 象王山 寶月和尙云 那箇無字 幾種病乎 三角
山 龍城和尙云 匏子穿離出 臥在麻田上 後日惠庵和尙云
閑境臥病人

[評] 重病尤甚

서신 문답
한암 스님이 묘향산에 있을 때

스님이 한암 스님에게 편지를 보내었다.

"우리가 이별한 지 십여 년이나 되도록 서로 거래가 없었도다. 구름과 달과 시내와 산이 어디나 같건만, 언제나 북쪽을 바라보며 공경히 우러러봅니다. 그러나 아마도 북녘땅은 춥고 더움이 고르지 못할까 염려되오. 북방에만 계시지 말고 걸망을 지고 남쪽으로 와서 학인들을 지도함이 어떠하겠소?"

한암 스님으로부터 답서가 오기를, "가난뱅이가 묵은 빚을 생각합니다." 하였다.

스님이 다시 이르되, "손자를 사랑하는 늙은 첨지는 자연히 입이 가난하다오." 하였다.

한암 스님이 이르되, "도둑놈 간 뒤에 활줄을 당김이로다." 하였다.

스님이 다시 이르되, "도둑놈 머리에 벌써 화살이 꽂혔도다." 하였다.

[평] 가면 갈수록 높은 산, 점입가경이로다.

書信問答　－漢岩禪師 在妙香山時

師問書付於漢岩禪師 自從別後十餘年 隔阻未得面言 雲月溪山處處同　居常望北敬仰耳　然而恐北地寒暄不常 望且止住北方 負鉢囊向南來 而接學人 爲甚如何　漢岩和尙答書云　貧兒思舊債 師云 愛孫老翁 自然口貧 岩云　賊過後張弓　師云 旣已賊頭挿矢在

[評] 去去高山 漸入佳境

서신 문답
한암 스님이 금강산에 있을 때

스님 : "한암이 금강산에 이르니 눈 위에 서리까지 겹쳤도다. 지장 도량에 업경대業鏡臺가 있으니 지은 죄업이 얼마나 되오?"

한암 : "묻기 전과 물은 후를 합하여 30방 맞을 만합니다."

스님 : "맞은 뒷소식은 어떠하시오?"

한암 : "지금 곧 잣서리가 한창이니 이때를 놓치지 말고 오셔서 같이 먹으면 좋지 않겠습니까?"

스님 : "암두의 잣서리 늦은 것은 원통하지만 덕산의 잣서리 늦은 것은 원통하지 않소."

한암 : "암두와 덕산이라는 이름은 알았으나 그들의 성은 무엇이라 합니까?"

스님 : "도둑놈이 벌써 천 리는 도망갔을 터인데 문전 나그네한테 성을 묻는구만. 성은 물어 무엇하려오?"

한암 : "금선대金仙臺[76] 안에 보배 화관이여! 금은옥백으로도 견주기 어렵도다."

---

76   금선대金仙臺 : 만공 스님이 주석하시던 처소.

스님은 최후로 아래와 같은 그림을 그려서 보냈다.

(그림)

[평] 웃음 속에 감춘 비수匕首.

書信問答　-漢岩禪師 在金剛山時

師云 漢岩到金剛 雪上加霜 地藏道場 有業鏡臺 所作罪業

多少麼 岩云 故問以前 此問以後 合喫了三十棒也

師云 喫後消息 以爲如何

岩云 今當栢子燒喫時 勿失時機來相遊 亦不樂乎

師云 唯恨岩頭栢失時 不怨德山栢子遲

岩云 旣知岩頭德山名 未審其姓是甚麼

師云 賊過去已千里後 來問姓名門前客 問姓作甚麼

岩云 金仙臺裡寶貨冠 金銀玉帛難可比

師云 最後記畫如是

[評] 笑中秘刀

오대산에서 돌을 던져 보이다
오대산 길가에서

스님이 오대산 적멸보궁을 참배하고 돌아오는 길에 한암 스님이 산문까지 전송하러 나왔다. 스님이 앞서가다가 문득 돌멩이 하나를 주워서 한암 스님 앞에 던지자 한암 스님은 다시 그 돌을 주워서 개울에 던져 버렸다.

스님이 혼잣말로 "이번 행로는 손해가 적지 않도다." 하였다.

[평] 기대가 크면 실망도 큰 법.

臺山投石　－於五臺山路
臺山寶宮參拜歸路　漢岩禪師爲之餞別於山門　師前行　便
拾一個礫石　置地於漢岩和僧前　漢岩禪師拾其礫石　投擲
於川溪　師獨白云　今般行路　損害不少

여자茄子 공양

보월 선화

보월 선화가 어느 날 잘 익은 여자茄子[77] 한 개를 가지고 와서 스님에게 드리며 말씀드렸다.

"스님은 이것을 시방삼세제불과 같이 공양하십시오."

스님이 곧 여자를 딱 쪼개어 다 잡수시고 나서 주변을 둘러보며 말씀하셨다.

"어떤가? 이만하면 시방제불과 같이 공양이 되었겠는가?"

[평] 유구무언이로다.

茄子供養   –寶月禪和

寶月禪和一日 求得一介美茄子 奉獻供於和尙前言 唯願
和尙 與十方三世諸佛 同時供養 師卽乃折破而食訖 擧顔
顧視而云 謂之如何 玆乃同時供養麼

[評] 有口無言

---

77   여자茄子 : 과실果實의 일종.

관음석불의 상호
보월 선화

스님이 어느 날 관음석불 앞에 섰다가 문득 보월에게 "여보게! 이 석불의 상호相好가 어떠한가?" 하니 보월 선화가 대답하기를, "참으로 거룩하십니다." 하였다. 그러자 스님이 그만 방장실로 돌아가셨다.

[평] 문제가 적지 않도다.

觀音石佛相好 -寶月禪和

師一日 於觀音石佛前 便問寶月云 這石佛相好怎麼生 月云 甚是奇偉 師便休歸方丈

[評] 問題不少

종소리에 깨닫다
성월 선화

어느 날 스님이 대중에게 말씀하셨다.

"고인이 이르기를, '종소리에 알아차리면 북소리에 거꾸러진다.' 하였으니, 자! 말해 보라. 그대들은 어떻게 이해하였는가?"

그때 성월性月 선화가 나와 절하고 대답하였다.

"토끼뿔이 만약 옳을진대 염소뿔도 그르지 않습니다."

스님이 다시 물었다.

"육조六祖(혜능) 스님의 사구게四句偈[78]에 허물이 있는 글자가 있으니, 어디에 허물이 있느냐?"

성월 선화가 다시 답하였다.

"조부도 그 당시 문밖에 나오지 못하였는데, 오늘의 저희들이 어찌하오리까?"

---

[78] 오조홍인五祖弘忍(601~674) 선사가 법을 이어받을 사람을 찾느라고 대중들에게 게송을 지으라고 명하였다. 그의 수제자인 신수神秀(606?~706) 스님은 "身是菩提樹(신시보리수) 心如明鏡臺(심여명경대) 時時勤拂拭(시시근불식) 勿使惹塵埃(물사야진애)."라는 게송을 지어 바쳤는데, 그때 노행자(혜능)는 그 게송에 상대되는 다음과 같은 게송을 바쳤다. "菩提本無樹(보리본무수) 明鏡亦非臺(명경역비대) 本來無一物(본래무일물) 何處惹塵埃(하처야진애)."

만공법어

이에 스님이 말씀하셨다.

"그대의 정안正眼은 내가 보지 못하고 나의 정안은 그대가 보지 못한다. 이것은 부처와 부처가 서로 전하고 조사와 조사가 서로 전수한 데에서 바로 가리켰으니, 이와 같고 이와 같도다."

[평] 종소리와 북소리 함께 어우러져 어지럽게 진동하네.

鍾聲薦取 —性月禪和

師一日告衆云 古人道 鐘聲裏薦取 鼓聲則顚倒 且道 汝等
大衆 作麽生會 於時性月禪和進拜云 兎角若是 羊角不非
師復問云 六祖四句偈中 有過一字 過在何字 性月禪和答
云 祖父當年不出門 今日我孫 何也 師云 子正眼 我不見
我正眼 子不見 以此直指於佛佛相傳 祖祖相授 如是如是
[評] 鐘聲鼓音 同和亂振

일 마친 사람의 경계

용음 선화

용음 선화가 어느 날 옥판선지 한 장을 가지고 조실 방에 들어와서 절을 하며 엎드려 청하였다.

"대화상께서 직접 한 글귀 말씀을 써 주십시오."

스님이 붓을 들어 다음과 같은 글귀를 써 주었다.

此是了事漢境界
차 시 요 사 한 경 계

後夜猿啼在亂峰
후 야 원 제 재 난 봉

이것은 일 마친 사람의 경계라

깊은 밤 원숭이 울음, 산봉우리에 어지럽더라

용음 선화는 이것을 종신토록 받들어 지녔는데, 후일에 금봉錦峰 선화가 이 글을 보고 말하였다.

"큰스님의 안목과 골수가 모두 이 글귀에 있다."

[평] 늙을수록 어린애 되네.

了事漢境界　－龍吟禪和

龍吟禪和　一日　持參玉宣紙一張　而入室進拜　伏乞大和尙
手筆一句銘　師因作揮毫　與之一筆曰　此是了事漢境界　後
夜猿啼在亂峰　龍吟將此終身奉持　後日　錦峰見之云　先師
眼目與骨髓　盡在此書一句銘

[評] 老益和童

절 짓기를 좋아하다

효봉 선화와 마하연에서

효봉 선화가 스님에게 여쭈었다.

"천하에 살인하기를 좋아하는 자가 있으니, 그게 누구입니까?"

스님이 대답하였다.

"오늘에야 비로소 보았노라."

효봉이 다시 말하였다.

"화상의 머리를 취하고 싶사온데 허락하시겠습니까?"

이에 스님이 목을 길게 빼어 내미니 효봉이 곧 예배드렸다.

스님이 다시 물었다.

"제석천왕이 풀 한 줄기를 땅에 꽂고 '범찰을 이미 지어 마쳤습니다.'라고 하니, 세존께서 미소를 지었는데, 그 뜻이 무엇이겠는가?"

효봉이 말하였다.

"스님은 참으로 절 짓기를 좋아하십니다."

스님이 한바탕 웃어 버렸다.

[평] 크게 얻으려 했으나 소득은 하나도 없다.

嗜好建家　－曉峰禪和 於摩訶衍

曉峰禪和問師云 天下有好殺人者 是箇甚麼人 師云 今日
方乃見之 峰曰 欲取和尙頭 還許也否 師引頭就之 峰便禮
拜 師還問曰 帝釋但揷一莖草 梵刹建立已畢云 世尊微笑
意旨如何 峰云 和尙多分嗜好建家 師便笑去

[評] 欲取大望 所得一無

출산게 한 구절
고봉 선화

고봉 선화가 어느 날 조실 방에 들어가 행각을 떠나겠다고 말씀드
렸더니 스님이 말씀하셨다.

"자네가 이왕 떠날 테면 출산게出山偈나 한 구절 지어 보게나."

고봉이 문득 두 팔을 흔들며, "오늘은 바빠서 지을 수 없습니
다." 하였더니 스님이 "후일에 또 만나세. 잘 가게." 하였다.

[평] 동문서답東問西答이 아쉽도다.

出山偈一句 - 古峰禪和

古峰和尙 一日入室 拜告行脚出發 師云 汝已意出山 應作
一句出山偈而去 峰便搖兩手云 今日甚忙 不可得作 師云
後日相見 善出發去之

차를 마시고 차를 올리다

고봉 선화

어느 날 스님이 차를 마시다가 고봉 선화가 들어오는 것을 보고 말씀하셨다.

"잘 왔소, 고봉 스님! 나 지금 차 마시네."

고봉이 앞에 나아가 차를 한 잔 따라 올리고서 합장하고 절한 뒤에 물러났다.

스님도 곧 그만두셨다.

[평] 꽃 피고 새 노래하는 평화로운 봄이로다.

喫茶獻茶　– 古峰禪和

古峰禪和　有時便入室　師適喫茶　顧云　善來古峰　吾今喫茶

峰卽進獻椀茶　而合掌拜退　師便休去

[評] 花笑鳥歌平和春

선지식의 머리 깨지는 대목
금봉 선화

금봉 선화가 혜월 스님과 같이 이야기하다가 이렇게 물었다.

"견성한 사람에게도 생사가 있습니까?"

혜월 스님이 반문하였다.

"저 허공을 보라! 들어가고 나감이 있더냐?"

금봉이 대답 없이 돌아와서 스님에게 이런 사실을 얘기하니 스님이 말씀하셨다.

"왜 대답을 않고 돌아왔느냐?"

이에 금봉이 "뭐라고 대답하여야 합니까?" 하니 스님께서 말씀하셨다.

"대답이나 하라는데 무슨 잔소린고!"

금봉이 잠시 어찌할 줄 모르다가 곧 말하였다.

"스님! 참 그렇겠습니다."

스님이 "이것이 바로 선지식의 머리가 깨지는 대목이니라." 하고서 관두셨다.

[평] 스스로 일어났다 스스로 거꾸러짐.

破頭知識 －錦峰禪和

錦峰禪和與慧月和尙 對談次 峰問言 見性之人 還有生死
也否 月和尙反問云 汝看虛空 還有出入也否 峰卽無對而
歸 而擧似和尙 師曰 何不答而歸之 峰云 以何言說 對答
之 師曰 對答之而以何言哉 峰暫時罔措 便云 和尙 如是
如是 師云 此是善知識之破頭處 休去

[評] 自起自倒

자네의 별

전강 선화

전강 선화가 어느 날 조실 방에 들어가 절하니 스님이 물었다.

"저 하늘에 가득한 별들 가운데서 어느 것이 자네의 별인가?"

이에 전강이 곧 엎드려서 땅 더듬는 시늉을 하니 스님이 말씀하셨다.

"착하고 착하도다."

그리고 게송을 지어 주셨다.

佛祖未曾傳
불 조 미 증 전   불조가 못 전한 것을

我亦無所得
아 역 무 소 득   나 또한 얻은 바 없네

此日秋色暮
차 일 추 색 모   가을빛도 벌써 저문 이 날에

猿嘯在後峰
원 소 재 후 봉   뒷산 봉우리에는 원숭이 휘파람만 킥킥

[평] 설산의 젖 향기가 코에 닿자 새롭구나.

子所定星 －田岡禪和

田岡禪和一日 進拜于祖室 師便問言 九宵充滿明星中 那

箇是子所定星 岡卽曲躬俯伏 模地一場而了 師云善哉善

哉 卽乃與作偈云

佛祖未曾傳 我亦無所得

此日秋色暮 猿嘯在後峰

[評] 雪山乳香觸鼻新

길옆의 석불

서경 선화

스님이 서경 선화와 함께 산길을 동행하다가 길가의 숲속에 있는
석불石佛을 보았다.

서경 선화가 스님께 여쭈었다.

"이 불상은 어느 때에 조성한 것입니까?"

스님이 말씀하셨다.

"위음왕불威音王佛[79] 이전에 조성했느니라."

[평] 부처를 조성하고 부처를 깨부숨이 동시에 끝났도다.

路傍石佛 - 西畊禪和

師與西畊禪和 同行山野路 路傍叢中 見石佛 畊進問云 如
是佛像 未審 何代造成 師云 於威音王佛以前 造成已畢

[評] 作佛破佛同時了

---

79   위음왕불威音王佛 : 무한 과거에 처음 이 세상에 출현하신 부처이다. 당당한 왕
의 위풍과 장엄한 음성으로 『법화경』을 설했기 때문에 이름을 위음왕불이라 한다.

부처님의 유방

혜암 선화

혜암 선화가 어느 날 스님을 모시고 불전佛殿에 서 있는데, 스님이 불상佛像을 쳐다보며 말씀하셨다.

"부처님의 젖통이 저렇게 크시니 말세의 납자들 양식은 걱정 없겠다."

혜암이 여쭈었다.

"무슨 복으로 부처님 젖을 먹을 수 있겠습니까?"

스님이 돌아다보며, "이 무슨 소린고!" 하거늘, 혜암이 "복업福業을 짓지 않고 어떻게 그 젖을 수용할 수 있겠습니까?" 하였다.

스님이 말씀하셨다.

"자네는 어째서 부처님 몸만 함부로 건드리고 젖을 먹을 줄은 알지 못하는가?"

[평] 밥그릇 속에서 굶어 죽네.

佛陀乳房 －惠庵禪和

惠庵禪和一日 與和尙 侍立在彼佛殿 師偶瞻佛像而云 佛
陀乳房如是垂 豈慮末世衲子餒 惠庵應問曰 以何福業 受
用佛乳 師顧曰 是何言歟 菴曰 不作福業 而何得其受用哉
師言 儞何謾觸佛身 而不識其飲乳哉

[評] 飯裏餓死

절대로 속지 말라

금오 선화

금오 선화가 어느 날 전월사轉月舍로 스님을 찾아와 뵙고 여쭈었다.

"이 집에 노스님이 안 계십니까?"

스님이 말씀하셨다.

"이 사람이 노스님에 눈이 가리었구나."

금오가 여쭈었다.

"과연 이 집에 노스님이 안 계시군요."

스님이 말씀하셨다.

"이 사람이 사람을 속이러 다니는 자가 아닌가?"

금오가 아뢰었다.

"부디 노스님은 속지 마십시오!"

스님이 문득 웃고 말았다.

[평] 그림의 떡이로다.

切莫被欺瞞 －金烏禪和

金烏禪和一日 於轉月舍中 尋訪老師云 此舍中 不在老和
尙麼 師云 這漢 却以老師故 遮障眼睛耶 烏曰 果是舍中
不在老師也 師云 這漢 莫是瞞人行脚者麼 烏曰 唯願老師
切莫被欺瞞 師便笑休去

[評] 畵中之餠

주먹을 들어 보이다
선학원 방장실에서

어느 날 금오가 방장실에 들어가 절하고 말하였다.

"미혹한 제가 요사이 아는 것이 많사오니 제가 모르는 한 구절을 말씀해 주십시오."

스님이 느닷없이 주먹을 들이대면서 말씀하셨다.

"알겠느냐?"

금오도 또한 주먹을 번쩍 들어 마주 대었다.

스님이 빙그레 웃으며 그만두었다.

[평] 방망이를 흔들어 달을 치려는 기세일 뿐.

擧拳對示 －於禪學院方丈室

一日 金烏入室進拜云 迷孫 近來 知解甚多 迷孫不知處
願聞一句擧看 師驀擧拳頭曰 會麼 金烏亦擧一拳對示 師
笑便休去

[評] 掉棒打月

조사가 서쪽에서 오신 뜻
대은 선화

대은 선화가 어느 날 전월사에서 스님을 뵈옵고 말씀드렸다.
"소납小衲이 권상로權相老(1879~1965) 스님과 같이 승려 수련 지도 차로 오대산 월정사를 갔을 때, 상원사에 올라가서 방한암方漢岩 (1876~1951) 스님을 친견하였는데 상로 스님이 한암 스님께 여쭈었습니다.

'산 밖에는 가뭄이 극심하여 초목이 마르거늘, 이 산중에는 초목이 울창하니 그 뜻이 어떠합니까?'

한암 스님이 치아를 세 번 굴리셨습니다. 소납은 본래 강학 출신이라 평소에 선리禪理를 모르기 때문에 지금까지도 그 뜻을 알 수가 없습니다. 소납이 상로 스님으로 바뀌어서 스님께 이 뜻을 여쭙는다면 스님께서는 어떻게 지시하겠습니까?"

스님이 대답하셨다.

"이 자리는 한암과 상로의 자리가 아니니 그대가 의심한 바를 물어 옴이 옳다."

대은이 여쭈었다.

"조사께서 서쪽에서 오신 뜻이 어떠합니까?"

만공법어

스님이 대답하셨다.

"아난이 가섭에게 '금란가사金欄袈裟 밖에 따로 어떤 법을 전하였습니까?'라고 묻자, 가섭이 '아난아!' 하고 불렀다. 아난이 '네!' 하고 대답하자, 가섭이 '문 앞의 찰간刹竿을 꺾어 버려라.' 하였으니 이 뜻이 어떠한가? 만약 이 뜻을 알면 조사가 서쪽에서 오신 뜻을 알 것이다."

대은이 일어나 절을 하거늘, 스님이 웃으며 말씀하셨다.

"아니다, 아니다. 다시 참구參究하여 오너라."

대은이 묵묵히 물러났다.

[평] 원래 지극히 가까운 것을!

祖師西來意 －大隱禪和

大隱禪和一日 於轉月舍中 見老師云 小衲 與權相老師 僧侶修鍊指導次 往五臺山月精寺 登上院寺 親見方漢岩老師 相老師問漢岩老師云 山外則旱魃太甚 草木枯荒 此山內則草木鬱蒼 其意如何 漢岩和尙 鼓齒三下 小衲 本以講學出身 素昧禪理 尙今未明 小衲 換相老師 對老和尙問此意 老和尙 如何指示乎 師云 此席 非漢岩相老之座席 則以大隱所疑之事 問來可也 大隱問 祖師西來意如何 師云 阿難問迦葉 金欄袈裟外 別傳何法 迦葉 召阿難 阿難應喏 迦葉道 倒却門前刹竿着 此意如何 若知此意 便知祖師

西來意 大隱起立禮拜 師笑云 不是不是 更爲參究來 大隱
默言退座

[評] 元來太近

용의 콧구멍
벽초 선화

계미년(1943) 가을이었다. 스님이 오대산에 다녀왔을 때 벽초 선화
가 스님께 여쭈었다.

"노스님께서는 오대산 적멸보궁 앞에 있는 용의 콧구멍을 보
셨습니까?"

스님이 대답하셨다.

"보았노라."

벽초가 다시 여쭈었다.

"용의 콧구멍이 어떻습디까?"

스님이 다만 "쉭!" 하셨다.

[평] 영룡英龍의 콧구멍 속에서 방광放光을 하네.

龍頭鼻穴 － 碧超禪和

時惟癸未秋 師從五臺還歸來 碧超進問云 老和尙 頃在臺
山 還見得寶宮前 龍頭鼻穴也無 師云 旣已見得 超更進問
云 其貌何如 師但便云 쉭!

[評] 英龍鼻裏放光

모두 다 성불하였다

진성 사미

스님이 하루는 옛날 서봉묘西峰妙 화상의 법문을 듣다가 말씀하셨다.

"'유정 무정有情無情이 다 성불하였다.'라고 하니 한마디 일러라. 대중들은 어떻게 이해하겠는가?"

이때 대중 가운데서 진성 사미가 나와서 말하였다.

"구정물이 두 바가지나 됩니다."

스님이 "그러면 그 구정물을 너는 어떻게 하려느냐?"라고 말하자 진성이 큰소리로 한 번 할을 하니, 스님이 주장자로 머리를 한 번 때렸다.

진성이 예배하고 물러서니 스님이 말씀하셨다.

"이제부터 종문의 정안을 소홀히 하지 말라."

[평] 그르침을 가지고 그르침을 취함.

悉皆成佛 　-眞惺沙彌

師一日 擧西峰妙和尙話云 有情無情 悉皆成佛 且道 大衆

作麽生會 衆中 有眞惺沙彌出云 秖爲濁水兩匏子 師 若然

其濁水汝如何處理耶 眞惺大聲一喝 師以柱杖打頭 眞惺

作禮退座 師云 從此宗門正眼 莫爲輕忽

[評] 將錯取錯

이 등불과 저 등불
시자와 함께 즐기다

어느 날 초저녁에 진성 시자가 등불을 켜 들자 등불 그림자가 유리
창에 비쳤다. 스님이 시자를 불러 물었다.

"이 등불이 옳으냐, 저 등불이 옳으냐? 네 생각은 어떤가?"

이에 시자가 얼른 입으로 불어 등불을 끄고 반문하였다.

"감히 노스님께 여쭙습니다만 어떻습니까?"

스님이 아무 말 않고 자리에서 일어나 불을 켰다.

[평] 켤 수 없는 불이 영원히 꺼지지도 않는다.

此燈彼燈　－侍者同樂

一日初夜 因眞惺侍明燈 燈影反映于琉璃窓 師喚侍者問
云 此燈 是耶 彼燈 是耶 汝意怎麼生 侍者便乃口吹 而燈
滅光 反問 敢問老和尙 於是作麼生 師却起座 默然不答
以點燈火

[評] 不可點燈永不滅

차 한 잔 더하다
시자와 함께 즐기다

어느 날 스님이 한가로이 앉았을 때 진성 시자가 차를 달여 와서
바쳤다.

스님이 말씀하셨다.

"내가 지금 아무 일 없이 한가롭게 앉았는데, 왜 이렇게 차를
대접하는고?"

시자가 다가오며, "노스님께서는 한 잔 더 드십시오." 하였다.

스님이 "허허!" 하고 크게 웃으셨다.

[평] 수고롭지 않으나 일이 더욱 크도다.

復一杯 ─侍者同樂

一日 和尙閑坐 眞惺侍者煎茶而獻供 師云 我今不勞而閑
坐 如是供茶 何所以 侍者進云 願大老師 復一杯 和尙 噓
噓大笑

[評] 不勞而深大

부처님 형상이 하얗다
공양청을 낸 비구니[80]에게 나아가다

임오년(1942) 겨울, 눈이 많이 왔을 때였다. 견성암에서 베푸는 공양청에 가려고 할 때 비구니들이 미리 눈길을 말끔히 쓸고 와서 말하기를, "노스님께서 가실 길을 미리 깨끗이 쓸었습니다." 하였다.

스님이 "너희들이 쓴 길로는 안 가련다." 하셨다.

비구니가 "그럼 스님께서는 어느 길로 가시겠습니까?" 하였다.

스님께서 "너희 절 부처님 형상이 하얗더구나!" 하자 비구니가 대답을 못 하였다.

[평] 한 발자국도 움직이지 않음이 참으로 유쾌하고 배부른 공양이로다.

佛像白白 －赴請飯尼僧

壬午年冬月 降雪尺餘 赴請于見性庵次 尼衆 豫掃除雪 開
路而告云 和尙行路 已除掃竟 師云 我當不行汝等掃路 尼

---

80   비구니 : 지명智明 스님을 가리킴.

云 然則和尙 從甚麼路去 師云 汝等寺佛像白白 默然

[評] 一步不動 眞快滿腹

가섭의 찰간 법문

스님이 대중에게 말씀하셨다.

"아난이 가섭에게 '세존께서는 금란가사 외에 특별히 무슨 법을 전하셨습니까?'라고 묻자 가섭이 아난을 불렀다. 아난이 대답하자 가섭이 '문 앞의 찰간대를 꺾어 버려라.' 했으니, 오늘 대중들은 한 번 말해 보아라. 마침내 특별히 전한 뜻이 무엇인가?"

그때에 법회法喜 비구니가 나와서 "스님." 하고 부르니 스님이 응답하였다. 법회가 "물고기가 지나가니 물이 흐려지고 새가 날아가니 깃털이 떨어집니다."라고 하자 스님이 "순리가 아니다." 하셨다.

다음엔 벽초碧超가 나와서 스님을 부르며 "차마 노스님이기 때문에 말씀드리지 못하겠습니다." 하였다.

스님이 "나에게 말 못 할 것이 뭐가 있느냐?" 하니 벽초가 "노스님은 스스로 알지 못하십니다." 하였다.

스님이 "혹 늙으면 더러 그럴 수도 있느니라." 하셨다.

[평] 은밀히 숨은 기량이 아니면 어찌 눈을 가릴 수 있으랴.

迦葉刹竿

師告衆云 阿難問迦葉 金襴外別傳何法 迦葉召阿難 阿難
應喏 迦葉道 倒却門前刹竿着 今日大衆 試道看 畢竟 別
傳意旨怎麼生 法喜尼出衆召和尙 師答 法喜尼云 魚行水
濁 鳥飛毛落 和尙云 不是順事 碧超出來 召和尙云 只如
老和尙故 而不能說之 師云 汝何有與吾說之不能 超進云
老和尙 自不能知 師云 間有老來 常事而矣

그물에 걸려든 고기

스님이 어느 해 하안거 해제解制에 자자自恣[81]가 있던 날, 천천히 승당僧堂에 내려와 대중을 두루 돌아보며 말씀하셨다.

"이번 하안거 동안 승당의 청정한 대중들은 용맹 정진을 잘하였으니 얻은 공덕이 적지 않을 것이다. 그러나 나는 홀로 방안에서 하는 일 없이 그저 그물을 하나 폈을 뿐인데, 오늘 이 그물 속에 벌써 한 마리 고기가 걸려들었다. 자! 대중들은 일러라. 어떻게 해야만 이 고기를 구해 내겠는가?"

이때 대중 가운데 한 선화가 일어나 입을 열려고 하자 스님이 곧바로 "옳다! 한 마리 걸려들었다." 하였다.

다시 한 선화가 일어나 입을 열자마자 스님은 또 "옳다! 또 한 마리 걸려들었다." 하였다.

[평] 어찌 노장님의 그물 밥이 되지 못하는고?

---

81   자자自恣 : 하안거를 마칠 때, 모든 승려들이 서로 자기의 죄과를 고백하고 참
      회하여 다른 승려들에게서 훈계를 받는 일.

網得魚子

師有年解夏自恣之日 悠然下來僧堂 遍顧回于大衆云 今
夏僧堂淨業衆 精進勇猛無遲滯 所得功德不少矣 然而我
獨室中無爲法 漫織張箇魚網來 今方於此魚網中 早已滯
得一魚來 大衆 且道 這介一魚子 如何得救出去 爾時衆中
一禪和起立 便擬開口 師云 諾 一箇癡魚撈得 復有一禪和
起立開口 師亦云 諾 又得一箇撈得

콧구멍 속의 적멸궁

어느 때 멀리 해인사로부터 편지가 왔다.

"시방세계의 무수한 찰토가 적멸궁 속에 건립되어 있다 하니, 궁금합니다만 그 적멸궁은 어느 곳에 건립되었나이까?"

스님이 답하였다.

"반 구절 게송에서 분명하게 말하였다. 시방세계의 무수한 찰토는 모두 적멸궁 안에 머물렀거니와 적멸궁은 나의 콧구멍 속에 건립되었느니라."

다시 질문이 왔다.

"콧구멍이 적멸궁을 삼키고 내뱉으니, 부디 대법왕께서 자비를 여시어 저로 하여금 콧구멍 속의 적멸궁을 보도록 해 주소서."

화상의 자비심은 가없으니 마침내 순순히 한 구절로 답하였다.

"일찍이 가야산의 경치를 들었는데 과연 그러한 적멸궁이로구나."

[평] 콧병이 극심하도다.

鼻孔寂滅

有時 遠自海印寺 問書付來和尙云 十方世界無數刹 寂滅
寶宮裡建立住 未審吾有一句問 願聞寂滅宮所在 師答 分
明半句偈言 十方無數億刹土 悉皆寂滅宮裡住 宮乃建立
吾鼻孔 彼事僧衆更問云 鼻孔吞吐寂滅宮 願大法王開慈
悲 令我得見住鼻孔 和尙慈悲無有際 終乃諄諄答一句 曾
聞伽倻山中景 果亦其然寂滅宮

[評] 鼻病極甚

모래가 눈동자에 떨어진 것

어느 해 납월 팔일 성도재일에 멀리 남방 금당선원金堂禪院으로부터 편지로 법을 물어 왔다.

"공손히 여쭙습니다. 세존께서 납월 팔일 밤에 샛별을 보시고 도를 깨달으셨다 하니, 궁금합니다만 깨달으신 것은 무슨 도리입니까?"

스님이 답하셨다.

"세존께서 밝은 별을 보시고 도를 깨달으셨다 함은 모래가 눈동자에 떨어진 것이다."

[평] 병으로써 병을 다스리다.

沙落眼睛

有年 臘月八日 成道齋期 遠自南方金堂禪院 以書來問法
云 恭問 世尊 臘月八夜 見明星悟道云 未審 悟介甚麼道
理 師答云 世尊見明星悟道 沙落眼睛
[評] 以病治病

여기서 나가지 못하다

임석두 스님(범어사 스님으로, 선학원을 처음 창설할 때 큰 화주였다.)

석두 화사化士[82]가 원상 ○을 그리고서 물었다.

"천하 납승이 무엇 때문에 여기에 들어오지 못합니까?"

스님이 답하였다.

"천하 납승이 무엇 때문에 여기서 나가지 못하는가?"

석두가 말하였다.

"화禍는 단독으로 행해지지 않습니다."

[평] 들어오지 못하는 문엔 나가지도 못한다.

　　出此不得　－林石頭(梵魚寺僧 禪學院初創時 大化主也)

　　石頭化士作圓相○　問曰 天下衲僧 爲什麼 入此不得 師

　　答云 天下衲僧 爲什麼 出此不得 頭曰 禍不單行

82　화사化士 : 화주승化主僧. 시주승施主僧. 집집을 다니면서 절과 인연을 맺게
　　하고 시줏물을 받는 승려.

새해는 갑자년이다
기석호[83] 선화

서울에 있던 석호 법사法士가 갑자년(1924) 정초에 편지로써 물어
왔다.

"세상 사람이 다 일컫되 송구영신送舊迎新이라 하는데, 궁금합
니다만 어떤 것이 새해입니까?"

스님이 답하였다.

"새해는 갑자甲子니라."

[평] 물은 흘러도 산은 서 있네.

新年甲子 - 奇石虎禪和

在京石虎法士 甲子年正初 以書問曰 世人皆稱送舊迎新
未審 如何是新年 師答云 新年甲子
[評] 水流山立

83   기석호奇石虎 : 목사 출신 스님으로 포교에 큰 공헌을 하였던 선객禪客.

하늘과 땅만큼 현격하다

어느 날 혜봉慧峰 스님이 마곡사로부터 금선대金仙臺에 이르러 스님과 더불어 이야기하던 차에 물었다.

"고인이 이르되, '한 터럭만큼이라도 어긋남이 있으면 천지현격天地懸隔이라.' 했는데, 사형님은 어떻게 말하겠습니까?"

스님이 답하셨다.

"한 터럭만큼의 어긋남이 없어도 천지현격이니라."

[평] 일이 없는데 크게 어지럽도다.

天地懸隔

一日 慧峰和尙 從自麻谷寺 來訪金仙臺 與師對談次 問云
古人道 一毫有差 天地懸隔 師兄 作麼生道 師答云 一毫
無差 天地懸隔

[評] 無事大亂

자기의 직분

스님이 어느 날 법좌에 올라 설법할 때에 혜봉 스님이 들어오거늘,
스님이 문득 돌아다보며 말씀하셨다.

"이 맹호가 들어오는구나."

혜봉 스님이 호랑이 우는 소리를 내자 스님이 말씀하셨다.

"자기의 직분을 잘 지키는구나."

[평] 용과 범이 서로 겨루니 조화가 무궁하도다.

自己職能

師一日 陞座說法次 慧峰和尙 上堂來入 師便顧謂言 這
介猛虎來入也 慧峰和尙 仍作哮吼聲 師云 自己職能自
護持

[評] 龍虎相撲 造化無窮

허공도 늙는다

스님이 어느 해 여름에 상경하여 용성龍城 스님과 함께 자리를 나
눠 앉았는데 용성 스님이 말하였다.

"만공 스님도 이미 늙었구료."

스님이 대답하셨다.

"허공도 늙는데 색신色身이 어찌 늙지 않겠소."

[평] 형상을 물었는데 태허太虛로 답하도다.

虛空亦老

師有年夏上京次　與龍城和尙　相面分座　龍城和尙曰　滿空

和尙已老矣　師應聲答曰　虛空亦老　色身豈不老乎

[評] 問於形像　答着太虛

영신만복

설봉雪峰 선화가 내장사에 있을 때 연하장으로써 물어 왔다.

"백척간두百尺竿頭에서 어떻게 다시 한 걸음을 내디딥니까?"

스님이 답하셨다.

"악! 새해를 맞아 만복하라."

[평] 진중珍重[84]하고 진중하라.

迎新萬福

雪峰禪和 在內藏寺時 以年賀狀 仍問曰 百尺竿頭 如何更

進一步 師答書云 喝一喝 迎新萬福

[評] 珍重珍重

---

84   진중珍重 : 선어록에 많이 등장하는 말로, 진기하고 진중하게 참구하라는 뜻.

한 손가락을 들어 보임
설봉학몽

설봉[85] 선화가 어느 날 금선대에 와서 스님께 여쭈었다.

"세존께서 꽃을 든 뜻이 어떠합니까?"

스님이 한 손가락을 들어 보이거늘 설봉이 예배하였다.

스님이 말씀하셨다.

"자네가 무슨 도리를 보았길래 예배를 하느냐?"

설봉이 답하기를, "두 번 범함을 용납지 않습니다." 하니 스님이 관두셨다.

[평] 영리한 말은 채찍 그림자를 기다리지 않는다.

---

85   설봉雪峰 : 장설봉 스님. 만공 스님이 '학몽鶴夢'이라 호를 지어 주니 법제자로
      스님을 신봉하였으며 『선문염송』·『벽암록』에 토吐를 달아 간행하였다.

擧一指示 -雪峰鶴夢

雪峰禪和一日 詣金仙臺 問師曰 世尊拈花意旨如何 師擧

一指而示之 雪峰禮拜 師云 子見甚麼道理 便禮拜 雪峰答

云 再犯不容 師便休去

[評] 良馬不待鞭影

한용운 법사의 오도송
용운 법사

서울에 있는 한용운 법사가 오도송悟道頌을 지어 보내왔다.

男兒到處是故鄕
남 아 도 처 시 고 향

幾人長在客愁中
기 인 장 재 객 수 중

一聲喝破三千界
일 성 할 파 삼 천 계

雪裏桃花片片飛
설 리 도 화 편 편 비

남아가 이르는 곳마다 다 고향인데

몇 사람이나 오래도록 객살이 하였던고

한 소리 큰 할에 삼천세계를 타파하니

눈 속에 도화가 조각조각 나네

스님이 반문하였다.

"나는 조각은 어느 곳에 떨어졌는고?"

용운 법사가 답하였다.

"거북털과 토끼뿔이로다."

스님이 크게 웃으시며 말하였다.

"대중들에게 청하노니 각기 한마디씩 일러라."

법희 비구니가 나와서 "눈이 녹으니 한 조각 땅입니다." 하거늘, 스님이 "단지 한 조각 땅만을 얻었느니라." 하셨다.

[평] 도는 재주와 지혜로는 얻을 수 없다.

韓龍雲法士 悟道頌　－龍雲法士

在京 韓龍雲法士 作悟道頌 而送來云

男兒到處是故鄕　幾人長在客愁中

一聲喝破三千界　雪裏桃花片片飛

師反問云 飛者落在什麼處 雲法師答云 龜毛兎角　師大笑

云 更請大衆 各下一轉語 法喜尼出衆云 雪消一片地　師

云 只得一片地

[評] 道不得才智也

학명 화상의 다섯 가지 물음
학명 화상

내장사 학명鶴鳴[86] 화상이 다섯 가지 물음으로써 제방선원에 반포하였다.

"하나, 흰 눈이 궁항窮巷[87]에 찼거늘 무엇 때문에 외로운 소나무는 우뚝 서 있는고?

둘, 온 세계가 비로자나불의 전신全身이거늘, 어느 곳에서 자기를 찾을 것인고?

셋, 냇물이 흘러 바다에 들어가거늘, 어느 곳에서 담담한 맛을 얻을 것인고?

넷, 매미가 껍질을 벗음에 벗을락 말락 할 때 무엇이라 부를 것인고?

다섯, 아는 사람이 천하에 가득하거늘, 누가 가장 친한 자인고?"

---

86 학명鶴鳴 : 일제 강점기 '선농일치禪農一致'를 몸소 실천하며 조선 불교 정체성을 지키고 불법을 널리 펴고자 했던 학명계종鶴鳴啓宗(1867~1929) 스님. 송만암宋曼庵 스님의 법사.

87 궁항窮巷 : 좁고 으슥하고 쓸쓸한 뒷골목. 외딴 촌구석. 궁한 처지를 비유적으로 표현하기도 한다.

스님이 이에 답하셨다.

"이 한갓 부질없는 잔소리여! 얼마나 많은 쓸데없는 소린가! 30방망이를 안기노라. 또 말해 보라. 이 방망이를 다시 무엇이라 부를 것인가?"

[평] 맹호猛虎가 나타나니 뭇짐승 자취를 감추네.

鶴鳴和尙五問　-鶴鳴和尙

內藏寺鶴鳴和尙 以五問頒布諸方禪院 云

一, 雪滿窮巷 爲什麼 孤松特立

二, 盡大地是毘盧遮那全身 向什麼處 覓自己

三, 川流入海 向什麼處 得淡味

四, 如蟬子脫殼 脫而未脫時 喚作什麼

五, 相識滿天下 誰是最親者

師答云 這箇閑葛藤 多少閑葛藤 好與三十棒 且道 此棒 更喚作什麼

[評] 猛虎出林 衆獸潛跡

세 분 화상의 할

스님이 혜월慧月 스님과 함께 통도사로부터 청장請狀을 받아 그곳에 이르렀다. 대중이 공양할 때에 각기 자리에 나아가 공양을 받으려 하는데, 혜월 스님이 별안간 악! 하고 한 번 할喝을 하였다. 공양을 마치고 막 발우를 걷으려 할 때에 만공 스님이 악! 하고 한 번 할을 하였다.

그 뒤 모든 선객들이 이 일을 듣고 놀라 의심하며 두 분 선지식이 할을 한 뜻이 어떤 것인가 하고 쟁론이 끊이지 않더니, 드디어 용성 스님에게 물었다.

용성 스님이 말하였다.

"노승이 비록 그 사이에서 입을 놀려 말하고 싶지 않으나 가히 여러 사람을 위하여 의심을 풀어 주지 아니할 수 없노라."

끝으로 악! 하고 한 번 할을 하였다.

[평] 세 분 화상의 가풍이여, 스스로 일어났다 스스로 거꾸러지네.

三和尙喝

師與慧月和尙 受通度寺請狀而赴請 大衆 齋會 各就座
將受供養時 慧月和尙 喝一喝 供養了 將收鉢 滿空和尙
喝一喝 其後諸方禪客 聞此驚疑 兩善知識 喝意旨如何
諍論不斷 遂問龍城和尙 龍城和尙曰 老僧 雖不欲容喙於
其間 不可不爲諸人 決疑去也 遂喝一喝

[評] 三和尙家風 自起自倒

법기보살의 깊은 풀밭

스님이 금강산으로부터 정혜사로 돌아와서 어느 날 법좌에 올라 설법하셨다.

"내가 금강산에 있을 때에 법기보살이 설법하신다는 소식을 듣고 곧 가서 들었더니, 법기보살이 큰소리로 대중을 불러 이르되, '풀이 한 길이나 깊다.' 하시었다. 한번 말해 보라. 오늘 대중은 어떻게 이해하는가?"

대중이 대답이 없었다.

그 뒷날에 한 선객이 와서 물었다.

"법기보살이 이렇게 이른 것이 또한 풀 속의 말이니, 어떤 것이 풀 속에서 벗어난 말입니까?"

스님이 대답하셨다.

"풀을 벗어난 말을 묻지 말라. 풀 속에 들어가서 사람을 위하는 것이 그 은혜가 커서 갚기가 어려우니라."

선객이 다시 물었다.

"풀 속에 들어가 사람을 위하는 말씀 한마디를 스님께서 일러 주시기를 청하옵니다."

스님이 말씀하셨다.

"밤길을 허락하지 아니하니 날이 밝거든 오너라."

[평] 누가 살인검殺人劍을 알꼬?

法起草深

師自金剛山 還歸定慧寺 一日 陞堂說法云 我在金剛時 聞
法起菩薩說法之報　即往聽之　法起菩薩 高聲喚大衆云
草深一丈 且道 今日大衆 作麼生會 大衆無對 其後日 有
一禪客來問曰 法起菩薩 伊麼道 也是草裡之談 如何是出
草之談 師答云　莫問出草之談 入草爲人 恩大難酬 進云
入草爲人底一句 請和尙道 師云 不許夜行 天明順到

[評] 誰知殺人劍

무념 선화의 제일구
[無念禪和第一句]

스님께서 어느 날 전국 제방선원에 한 글귀를 돌리셨다.

"양구良久도 제이구第二句이며, 창천창천蒼天蒼天도 제이구이니, 어떠한 것이 제일구第一句인가?"

그 후 전국 제방선원에서 많은 답이 왔다. 그중에 팔공산 동화사 무념無念 스님이 이렇게 보내왔다.

"어찌하여 제일구를 묻지 않습니까?"

스님께서 보고 다시 반문하여 보내셨다.

"내가 일찍이 제일구를 묻지 않았거늘, 어찌 묻는 데 이르는가?"

그 후 답이 오지 않았다.

스님께서 게송을 보내셨다.

桐華山上獨瓶花   동화산 위에 홀로 핀 병꽃이여
동 화 산 상 독 병 화
花盡結實好待風   꽃 지고 열매 맺고서 바람을 기다려라
화 진 결 실 호 대 풍

[평] 정다운 비수匕首.

대안 선화의 임종게

[大安禪和 臨終偈]

스님께서 대안大安이라고 법호法號를 내린 제자가 있었다. 대안 스님도 성월 스님과 같은 시대의 납자衲子였다. 대안 스님은 별로 문자에 대해 아는 것이 없었다. 주로 동래 범어사에 주석했는데, 노환으로 사경死境에 이르러 열반당으로 나아가게 되었다. 임종에 가까운 노장님을 보고 한 수좌가 물었다.

"스님! 이러한 때에 한 말씀 해 주시겠습니까?"

대안 스님이 "무슨 말을 하라 하는가? 그대여." 하고 임종게를 읊었다.

心月本是空	마음 달이 본래 공하였으되
空亦是非空	공 또한 공이 아니로다
非空是何物	공 아닌 것은 어떤 물건인고
劫外春光香	겁 밖의 봄빛이 향기롭구나

이 게송을 읊고 열반에 들었다. 이 열반송을 만공 스님께서 듣고 장례에 쓰라고 금일봉金一封과 함께 게송을 지어 보냈다.

生老病死者
생 로 병 사 자 　　生老病死者가

大安之家風
대 안 지 가 풍 　　바로 대안의 가풍이어늘

涅槃妙道處
열 반 묘 도 처 　　열반 묘도의 당처에서

親是怨讐也
친 시 원 수 야 　　친한 이가 바로 원수런가

[평] 궁한 늙은이가 손자를 희롱하는구나.

　　[評] 窮翁弄孫

176　　　　　　　　　　　　　　　　　　　　　만공법어　　●

밥값을 받다_보월 선화

[飯價收攫_寶月禪和]

부산에서 운암雲岩 선화가 편지로 정혜사 만공 조실스님께 청하여 물었다.

"과거·현재·미래의 마음을 도무지 알 수 없다[三世心都不可得] 하는 도리를 분명히 지시해 주소서."

노화상이 이 편지를 받아 보시고 답서答書하기를, "위음왕불威音王佛 이전에 이미 설해 마쳤느니라."라고 쓰고 제자 보월 스님을 불러 편지를 내보이며, "자네가 여기에 대해서 한마디 일러 보게." 하였다.

보월 스님이 편지를 받아 들고 말하였다.

"스님, 죄송합니다만은 스님께서 누구의 눈을 멀게 하시려고 이런 짓을 하십니까?"

다시 보월 스님이 이렇게 썼다.

"덕숭산 만공 스님 회상會上을 등지고[背湖西] 영남[88]으로 향한 [向嶺南] 것은 심중心中에 나머지 의심을 끊지 못함이니[不絶餘疑],

---

88 영남 : 여기서는 범어사 혜월慧月 스님 회상을 말한다.

지금까지도 나머지 의심을 끊지 못하였구나. 차후엔 다시 나머지 의심을 끊어[更絶餘疑] 이런 짓을 더 이상 하지 말라."

그리고는 편지를 모두 불태워 버렸다.

이 정경을 지켜본 스님은 통쾌히 웃으며, "보월! 자네한테 오늘에야 밥값을 받았네." 하였다.

[평] 한 사람이 거짓말을 전하니 모든 사람 덩달아 속네.

만허 선화의 법거량

[萬虛禪和 法擧揚]

최만허崔萬虛 선화가 금강산 유점사에 계신 만공 스님을 찾아가 뵙고 한번 법거량法擧揚을 해 보리라 하고 조실 방으로 들어갔다.

마침 스님들이 모여 있었다. 그런데 만허 선화는 절도 제대로 하지 않은 채 방 가운데 우뚝 서서 조실스님만 바라다보았다.

만공 조실스님의 생각은 절하며 문안을 드릴 줄 알았는데, 그만 상상 밖이어서 크게 소리를 질렀다.

"이것이 무엇인고?"

이에 만허 선화가 팔뚝을 조실스님 코앞으로 바짝 들이대자 스님이 다시 말하였다.

"팔은 거두고 한마디 일러 보아라."

재차 만허가 팔을 코앞에 들이대었다.

스님이 다시 "아이구, 이놈아! 늙은이 다치겠다. 물러앉거라." 하자 그때에야 깍듯이 절을 하고 자리에 앉았다.

스님이 말씀하셨다.

"저녁 공양 후 조실 방으로 오너라."

[평] 머리만 있고 꼬리가 없다.[有頭無尾]

만회암萬灰庵에서

언젠가 스님이 점심 공양 후에 금강약수金剛藥水를 드시러 가다가
도중에 있는 만회암萬灰庵을 바라보면서 말씀하셨다.

"만회암이니, 온갖 상이 재로 돌아간다[萬像歸灰]는 뜻이로구
나. 대중들이여! 재는 어느 곳으로 돌아가는고?"

스님 앞에 만허가 합장하고 아뢰었다.

"해가 서천西天에 저무나이다."

스님이 "저물면 집으로 돌아가야지." 하고 발길을 돌리었다.

[평] 씨 없는 열매.

소 죽은 넋두리

한번은 만허 스님이 금강산 만회암萬灰庵에 가게 되었다. 때마침 묵언默言 스님이 뜰에 앉아 울고 있었다.

그래서 청승맞게 울고 있는 그에게 까닭을 묻게 되었는데 대답인즉, "소 한 마리를 사서 남에게 주었는데, 산비탈에서 끈이 소 발목에 감겨 굴러떨어져 죽었소이다. 순사가 와서 석유를 뿌리고 땅에 묻어 버려 한 푼의 돈도 건지지 못해 원통해서 울고 있습죠." 하였다.

만허 스님은 내심으로, '저 스님이 이름만 묵언이지 속은 아무것도 아니군!' 하는 생각이 미쳐 그 길로 만공 조실스님께 돌아와 그 사실을 아뢰며, "묵언이 아무것도 아닙니다, 조실스님." 하였다.

그러자 조실스님은, "네가 묵언 수좌한테 속고 와서 무슨 말을 하는고? 앞으로는 남에게 법으로 밟혀서는 안 되느니라." 하였다.

[평] 남이 지은 농사에 빈 껍질만 주우려는고?

어떤 부처님이 주인불主人佛인가

어느 때인가, 유점사의 오십삼불佛[89]을 모신 법당에서 예식이 있었다. 많은 대중이 모인 중에 조실스님이 말씀하셨다.

"부처님이 쉰세 분이나 되는데[佛是五十三佛] 어느 부처님이 주인불인고?[如何是主人佛]"

만허 스님이 팔을 들어 한복판의 부처님을 가리키자 조실스님이 말씀하셨다.

"손 없는 사람은 못 가리키겠다."

"손으로 가리킨 바는 없습니다."

"그러면 무엇으로 가리켰단 말인고?"

그러자 만허 스님이 다시 팔을 들어 손가락으로 가리킴에 조실스님이 말씀하셨다.

---

89   오십삼불佛 : 『화엄경』에서 선재동자가 문법問法하는 상징불. 신라 남해왕南解王 때(서기 4년) 인도에서 조성한 오십삼불이 신룡神龍에 의하여 월지국을 경유하여 강원도 안창현 포구浦口에 표착한 것을 그 지방 관장官長인 노준盧偆이 왕께 보고하고 금강산에 유점사를 창건하여 오십삼불을 느릅나무 뿌리 위에 봉안하였다고 한다. 유점사는 중국 최초의 사찰인 백마사白馬寺보다 60여 년 앞선다.

"남의 흉내 내지 마라."

[평] 진금가석眞金假石을 어찌 감출 수 있으랴.

대은 선화大隱禪和의 공양청

대은大隱 스님이 서울 행촌동에 머무실 때, 하루는 만공 조실스님께 공양청장供養請狀을 보냈다. 그래서 권속 7~8인의 유수한 수좌들이 조실스님을 모시고 사직동 뒷산으로 걸어가게 되었다.

산기슭에 거적으로 얽어 만든 빈민굴이 나타나자 이를 들여다보시며 걸음을 멈칫하던 스님께서 "오줌이 절로 나온다." 하시고 대중을 둘러보았다.

수좌 중 한 사람이 여쭈었다.

"조실스님요, 대궐 앞에서 소변을 보시면 됩니까?"

"대궐이라니?"

조실스님의 반문에 그 수좌가 다시 여쭈었다.

"아뇩다라삼먁삼보리법[90]도 정해져 있는 바가 없습니다. 이 뜻이 무엇입니까?"

스님이 대답하셨다.

---

90 아뇩다라삼먁삼보리법 : 무상정등정각無上正等正覺으로 번역되며, 위없는 올바르고 두루한 깨달음, 또는 지혜를 뜻한다.

"구름이 남산에서 일어나니[雲起南山], 비가 북산에 퍼붓는도다.[雨落北山]"

[평] 청정법신清淨法身이 어찌 내외內外가 있으리요.

남전南泉의 완월화玩月話

하루는 아침 일찍이 만공 조실스님께 문안을 드리러 만허 스님이
침실로 들어갔다.

누워 있다가 벌떡 일어난 조실스님이 무릎을 세우고 앉으면서
팔을 걷어붙이고 말씀하셨다.

"그래, 한번 해 보아라."

만허 스님이 문을 닫고 밖으로 나가 버리자 조실스님이 문을
열고 내다보며 말씀하셨다.

"어찌 남전南泉의 완월화玩月話[91]와 다르리요?"

[평] 안타까운 객이여! 주는 밥을 왜?

---

[91]   남전南泉의 완월화玩月話 : 『선문염송』 5권 제157칙에 다음과 같은 내용이 나
        온다. 밝은 달을 구경하며 마조 선사는 제자들(서당지장, 백장회해, 남전보원)에게 달
        밝은 밤에 무엇을 하면 가장 좋겠느냐고 물었다. 서당은 공양을 하는 것이 좋겠
        다[正好供養]고 하고, 백장은 수행을 하는 것이 좋겠다[正好修行]고 하고, 남전은
        소매를 뿌리치고 가 버렸다.

못 알아들으면 귀머거리

어느 때인가 한 납자가 아침 일찍 조실 방에 가서 절을 하니 조실 스님이 말했다.

"내가 지난밤에 들으니, 팔린보살八隣菩薩이 법기보살님께 법을 물어 가로되, '인자仁者는 무슨 법으로 중생을 제도하시나요?' 하였다. 법기보살이 '인자야!' 하니 팔린보살이 '네!' 하고 대답했다. 법기보살이 '풀이 한 길이 넘었도다.[草過一丈]' 하였으니, 그 뜻이 무엇인가?"

"조실스님요, 분명히 들으셨습니까?"

"듣다마다."

"분명히 들으셨습니까?"

"누구 귀먹은 사람 있나?"

"못 알아들으면 귀머거리가 됩니다."

"오히려 네가 귀머거리구나."

[평] 과녁은 멀지 않건만 지나친 헛손질.

강선대降仙臺를 바라보며

한번은 수미암須彌庵에 가서 뜰에 앉은 조실스님이 앞산의 강선대
降仙臺를 바라보면서 말했다.

"옛날 양봉래楊蓬萊 신선은 저 가파른 봉우리를 어떻게 올라갔
을까?"

이에 젊은 납자衲子가 대답하였다.

"지금도 올라가는 사람이 있습니다. 누군가가 조금 전에도 올
라갔습니다."

이에 만공 스님이 말씀하셨다.

"그 사람 재주 용하군."

[평] 천수천안千手千眼으로도 능히 볼 수 없는 물건,

산하석벽山河石壁에 걸림이 없네.

여여 처사如如處士의 목욕

어느 해 시월 결제結制 날, 조실스님이 여러 수좌首座들과 계실 때, 마당에서 속복俗服을 한 사람이 아뢰었다.

"조실스님, 목욕 가시지요."

"나는 계율을 지키는 사람이라 목욕을 못 하오."

이에 그 사람은 어물어물하던 끝에 혼자 가 버렸다. 그래서 수좌가 물었다.

"조실스님, 그분이 누구신지요?"

조실스님이 대답하셨다.

"너는 모르느냐? 대구의 여여 처사如如處士라고 견성見性한 분이다."

수좌가 말하였다.

"별은 보았는지 몰라도 마음은 보지 못했습니다."

조실스님은 껄껄 웃으면서 대답하셨다.

"네가 그 사람 대신 말해 보아라."

수좌가 "조실스님도 물 식기 전에 빨리 가셔서 목욕하셔야지요?" 하자 조실스님이 "아는 놈은 속일 수 없구나. 목욕해야지." 하고 목욕하러 갔다.

[평] 씻을수록 더 끼는 때.

몽술 행자夢述行者의 청법請法

을해년(1935) 동안거 해제 때

몽술 행자夢述行者[92]가 노스님께 나아가 절을 하였다.

"네가 누구냐?"

"몽술이라 합니다."

"이곳에 무슨 일로 왔느냐?"

"노스님의 법문을 들으려고 왔습니다."

"법문을 어디로 듣느냐?"

"귀로 듣습니다."

"귀로 들으면 잘못 듣는 법문이니라."

"그렇다면 어디로 듣습니까?"

노스님이 쥐고 있던 주장자로 몽술 행자의 머리 위를 한 번 '딱' 때리시고 묻기를, "알았느냐?" 하고 다시 한번 더 때릴 기세로 주장자를 번쩍 들어 올렸다.

"알았다 하여도 이 주장자를 면치 못할 것이고, 알지 못하였다 하여도 이 주장자를 면치 못하리라. 속히 일러라."

---

92   몽술 행자夢述行者 : 진성원담眞惺圓潭

몽술 행자가 머리를 만지며 "아야, 아야." 하니 스님은 주장자를 내리고 박장대소拍掌大笑하였다.

[평] 젖먹이가 범을 놀릴 줄이야.

주행산거
舟行山去

계미년(1943) 하절夏節에 혜암惠庵 스님과 진성 사미가 만공 스님을 모시고 간월도에서 안면도로 가게 되었다.

세 사람이 매우 작은 배를 타고 떠가면서 먼 산들이 지나쳐 가는 해안가 풍경을 바라보고 있었다.

그때 만공 스님이 진성 사미에게 물었다.

"저 산이 가느냐? 이 배가 가느냐?"

진성 사미가 답하였다.

"산과 배가 둘 다 가지 않습니다."

만공 스님이 다시 물었다.

"그러면 무엇이 이렇게 가느냐?"

진성 사미가 앞으로 나와 한참 동안 말없이 서 있었다.

그러자 옆에 앉았던 혜암 선화가 일어서서 "제가 한마디 드리겠습니다." 하고 이어서 말하였다.

"산이 가는 것도 아니요, 배가 가는 것도 아닙니다."

만공 스님이 다시 물었다.

"그러면 무엇이 가는가?"

혜암 스님이 마침 들고 있던 흰 손수건을 번쩍 들어 보였다. 만공 스님이 물었다.

"자네 살림이 언제부터 그러한가?"

혜암 스님이 대답하였다.

"제 살림은 이미 오래전부터 이러하옵니다."

만공 스님이 말없이 고개를 끄덕였다.

[평] 해상돌풍海上突風에 피해가 불소不少로다.

게송

偈頌

경허 법사의 천화 소식을 듣고 읊다

[聞鏡虛法師遷化 吟]

善惡過虎佛
선 악 과 호 불
선하기로는 부처님보다 더하고

악하기로는 범보다 더한

是鏡虛禪師
시 경 허 선 사
이분이 경허 선사이시네

遷化向甚⁹³麽處
천 화 향 삼   마 처
천화⁹⁴하여 어느 곳으로 가셨나이까

去酒醉花面臥
거 주 취 화 면 와
술 취해 꽃처럼 붉은 얼굴로 누워 계시네

---

93   삼甚 : 원래의 음은 '심'이나, 의문사(무엇, 무슨)로 쓰일 때에는 '심'과 구별하여 '삼'으로 읽기도 한다.

94   천화 : 열반에 들다.

함경도 갑산군 웅이면 난덕산 밑에서
선법사를 다비할 때 읊다
[於咸鏡道 甲山郡 熊耳面 難德山下 先法師茶毘時 吟]

舊來是非如如客　　예로부터 시비에 여여한 객[95]이
구 래 시 비 여 여 객

難德山止劫外歌　　난덕산 아래서 겁 밖의 노래[96] 그치셨네
난 덕 산 지 겁 외 가

驪馬燒盡是暮日　　나귀도 말도 다 타 버린[97] 날 저문 때에
여 마 소 진 시 모 일

不食杜鵑恨小鼎　　먹지도 못하는 두견새가 솥 적다[98]고 한탄하네
불 식 두 견 한 소 정

95　객 : 경허 선사를 가리킴.

96　겁 밖의 노래 : 여기서는 경허 선사의 무애행無碍行을 비유함.

97　나귀도~버린 : 경허 스님의 육신을 다비하여 아무것도 남아 있지 않음을 뜻한
　　다. 경허 스님이 참구한 화두가 영운 선사靈雲禪師의 '여사미거마사도래화驢
　　事未去馬事到來話'이므로 이렇게 말한 것이다.

98　솥 적다 : 소쩍새는 주로 밤에 울며, '솥적다, 솥적다' 또는 '솥쩍, 솥쩍' 소리를
　　반복해서 낸다. 전설에 의하면 '솥쩍' 하고 울면 흉년을 의미하며, '솥적다' 하고
　　울면 '솥이 작으니 큰 솥을 준비하라.'라는 뜻으로 풍년을 예고한다고 한다.

경허 선사 영찬
鏡虛禪師影讚

鏡虛本無鏡
경 허 본 무 경 　거울이 비었으니 본래 거울이 없고

惺牛曾非牛
성 우 증 비 우 　소를 깨달았으나 일찍이 소가 아니로다

非無處處路
비 무 처 처 로 　거울도 없고 소도 아닌 곳곳마다

活眼酒與色
활 안 주 여 색 　활안은 술과 여색이로다

자화상에 부쳐

[自影讚]

我不離汝　　나는 너를 여의지 않았고
아 불 리 여

汝不離我　　너는 나를 떠나지 않았도다
여 불 리 아

汝我未生前　너와 내가 나기 이전에는
여 아 미 생 전

未審是甚麽　알지 못하겠네 이 무엇인고
미 심 시 삼 마

○　　　　　(원상)

달마 영찬

達摩影讚

何事渡江
하 사 도 강   무슨 일로 서역 강을 건너왔는고

汝向過虎
여 향 과 호   그대가 향하는 곳 범보다 무섭구나

간월암[99]에서

[題 看月庵]

佛祖不友客 <small>불 조 불 우 객</small>	부처와 조사도 벗하지 않던 객이
何事碧波親 <small>하 사 벽 파 친</small>	무슨 일로 푸른 물결과 친했는가
我本半島人 <small>아 본 반 도 인</small>	내 본래 반도 사람이어서
自然如是止 <small>자 연 여 시 지</small>	스스로 이와 같은 데 그쳤노라

99 간월암看月庵 : 서해의 안면도와 육지의 중간 지점에서 10리쯤 앞에 있는 서산
瑞山 간월도看月島의 암자 이름. 백제 때는 피안도彼岸島라 불렸는데, 이태조
李太祖의 왕사王師인 무학대사無學大師가 이 섬에서 밝은 달을 보고 도를 깨
달았다고 하여 그 후부터 암자 이름을 간월암이라 하고 섬 이름도 간월도라 하
였다.

간월암 중창 계송

[看月庵重創 頌]

兩聖古蹟幾春秋 두 성인[100]의 옛 자취가 몇 해나 되었는고
양성고적기춘추

往事無非一夢間 지난 일들 모두가 한바탕 꿈이어라
왕사무비일몽간

叟山月面還多事 수산[101]월면이 도리어 다사[102]로워서
수산월면환다사

分付森羅無文印 삼라만상에 무문인을 분부하노라
분부삼라무문인

---

100   두 성인 : 신라 때의 원효대사와 고려 말의 무학대사를 말한다.

101   수산叟山 : 경허 스님이 내려 주신 만공 스님의 법호法號.

102   다사多事 : 조선조의 배불排佛 정책으로 간월암은 헐리고 그 절터에 묘를 썼던
        것을 만공 스님이 다시 옛 절 모습대로 복원하였다.

간월도를 다녀오는 길에 대나무를 얻고 읊다[103]

[看月島巡廻路得竹 吟]

老僧踏海水不着
노 승 답 해 수 불 착

沙彌擔竹十方春
사 미 담 죽 시 방 춘

노승이 바다를 밟음에 물이 묻지 않았고

사미가 대를 걸머짐에 시방이 봄이로다

---

103 만공 스님이 간월도를 방문하고 수덕사로 가시는 길에 고북高北 땅에서 대나
　　무를 얻어 진성眞惺 사미에게 메게 하고 읊은 게송.

갱진교에서

[題 更進橋]

適有弄世客 적 유 롱 세 객	마침 세상을 희롱하는 객이 있어
遊興更進橋 유 흥 갱 진 교	갱진교[104]에서 즐겨 노나니
流水西來曲 류 수 서 래 곡	흐르는 물소리는 조사의 서래곡이요
樹葉迦葉舞 수 엽 가 섭 무	너울거리는 나뭇잎은 가섭의 춤이로세

---

104   갱진교 : 덕숭산의 소림초당少林草堂 계곡에 있던 다리.

백운을 바라보고 읊다[105]

[望白雲吟]

莫道白雲無心客
막 도 백 운 무 심 객

老僧不忘重重來
노 승 불 망 중 중 래

雖然白雲非我親
수 연 백 운 비 아 친

遠村鷄鳴余知己
원 촌 계 명 여 지 기

흰 구름을 무심객이라 이르들 마소

노승을 잊지 못해 거듭거듭 오는구나

그러나 흰 구름이여, 그대는 내 친구가 아니니

먼 마을 닭 울음이 나의 지기지우[106]라네

---

105   이 게송은 말년에 주석하시던 전월사轉月 舍에서 지은 것이다.

106   지기지우知己之友 : 자기의 가치나 속마음을 잘 알아주는 참다운 벗.

거문고 법문[107]

[彈琴法曲]

一彈云是何曲 <small>일 탄 운 시 하 곡</small>	한 번 퉁기고 이르노니 이 무슨 곡조인고
是體中玄曲 <small>시 체 중 현 곡</small>	이것은 체 가운데 현현玄玄한 곡이로다
一彈云是何曲 <small>일 탄 운 시 하 곡</small>	한 번 퉁기고 이르노니 이 무슨 곡조인고
是句中玄曲 <small>시 구 중 현 곡</small>	이것은 일구一句 가운데 현현한 곡이로다
一彈云是何曲 <small>일 탄 운 시 하 곡</small>	한 번 퉁기고 이르노니 이 무슨 곡조인고
是玄中玄曲 <small>시 현 중 현 곡</small>	이것은 현현한 가운데 현현한 곡이로다
一彈云是何曲 <small>일 탄 운 시 하 곡</small>	한 번 퉁기고 이르노니 이 무슨 곡조인고
是石女心中劫外曲 <small>시 석 녀 심 중 겁 외 곡</small>	이것은 돌 여인 마음 가운데 겁 밖의 곡이로다
咄 <small>돌</small>	쯧쯧!

호서 덕숭산 금선동 소림초당에서

만공월면

107　이 법문은 스님이 어느 날 금선동 소림초당에 계실 때 달이 휘영청 밝은 고요한 밤에 홀로 거문고를 안고 나와 갱진교 위 나월하蘿月下에서 즐기시던 도락道樂의 한 게송이다.

난초를 찬탄하다
[蘭草讚]

清淨般若蘭　청정한 반야란이여
청 정 반 야 란

時時吐般若　언제나 반야를 토하는구나
시 시 토 반 야

若人如是解　만약 사람이 이와 같음을 알면
약 인 여 시 해

頭頭毘盧師　접촉하는 것마다 비로의 스승이리라
두 두 비 로 사

매화를 찬탄하다

[梅花讚]

古根牢守半枯枝	묵은 뿌리 절반쯤 마른 가지에 굳게 지킨 생명이여
고 근 뢰 수 반 고 지	
忽着疎花自見奇	홀연히 몇 송이 꽃 피워 스스로
홀 착 소 화 자 견 기	신기함을 보이는구나
一腔鐵石堅如許	한 줄기 철석같은 견고함이 이러하여
일 강 철 석 견 여 허	
百折風霜能孤志	백절풍상[108]에도 외로운 절개 잘 간직하였구나
백 절 풍 상 능 고 지	

---

108   백절풍상 : 백 번 꺾이는 바람과 서리. 즉 온갖 모진 고초를 표현한 말이다.

우연히 읊다

[偶吟]

月白無星色　　달빛이 밝으니 별들은 빛을 잃지만
월 백 무 성 색

山靑十方春　　산빛은 푸르러 시방세계가 봄이어라
산 청 시 방 춘

如是山月裡　　이같이 푸른 산과 밝은 달빛 속에
여 시 산 월 리

萬日一新紅　　만 개의 해보다 밝은 하나의 새 붉음이여
만 일 일 신 홍

오대산 적멸궁에서

[題 五臺山寂滅宮]

寂滅寶宮裡　　　적멸보궁 속에서
적 멸 보 궁 리

親見眞身佛　　　부처님의 진신을 친견하네
친 견 진 신 불

見佛相湛然　　　부처님의 상호가 담연[109]함을 보니
견 불 상 담 연

萬劫永不滅　　　만겁토록 길이 멸하지 않으리
만 겁 영 불 멸

109　담연湛然 : 조용하고 움직이지 않는 모양. 깊고 고요한 모양. 평온하고 맑은 모양.

오대산 월정사에서

[題 五臺山月精寺]

臺山骨裡水
대 산 골 리 수

洗去文殊心
세 거 문 수 심

若能如是解
약 능 여 시 해

頭頭文殊師
두 두 문 수 사

오대산[110]의 고로쇠 물이

문수의 마음을 씻어 주었네

만약 이와 같이 알 수 있다면

모든 것이 다 문수의 스승이리라

---

110 오대산 : 오대산은 문수보살의 성산聖山이다. 『삼국유사』에 따르면 643년 자장
     율사가 당나라에 유학하면서 산서성 오대산에서 문수보살을 친견하는데, 이때
     문수보살이 부처님의 사리와 가사를 전해 주면서 신라에서도 오대산을 찾으라
     는 가르침을 준다. 이후 귀국하여 찾은 곳이 강원도 오대산이며, 이때 월정사를
     창건하고 중대에 부처님의 사리를 모신 적멸보궁을 조성하게 되었다.

팔공산 성전에서
[題 八公山聖殿]

後夜雨中事 후 야 우 중 사	간밤에 빗속의 일은
千聖未徹在 천 성 미 철 재	일천 성현도 다 알지 못하리
不識也不識 불 식 야 불 식	알 수 없고 또 알 수 없음이여
鍾聲道得去 종 성 도 득 거	종소리가 이미 도득道得[111]해 갔도다

---

111   도득道得 : 불법을 익혀서 그것을 충분히 드러내는 일.

사월 초파일 병석에서 읊다

[四月八日枕席 吟]

困人春夢亂
곤 인 춘 몽 란

朝鵲吐佛吟
조 작 토 불 음

甲寅四八日
갑 인 사 팔 일

百草靑知紅
백 초 청 지 홍

고달픈 이 몸 산란한 봄꿈이여

아침에 우짖는 까치가 부처 소리를 토하는구나

갑인년 사월 초파일에

백초가 푸르니 붉음도 알겠도다

납월 팔일 법좌에 올라 대중에게 보이다

[臘八上堂示衆]

滿天那箇星
만 천 나 개 성

온 하늘 가득한 별 중에 어느 별이

世尊悟道星
세 존 오 도 성

세존께서 깨달으신 별인고

南向北斗裏
남 향 북 두 리

남쪽 향한 북두 속의

如是最初星
여 시 최 초 성

이것이 최초의 별일레라

납월 팔일

[臘八日]

世尊見星云悟道
세 존 견 성 운 오 도

滿空見星迷悟道
만 공 견 성 미 오 도

迷悟喝破臘八夜
미 오 갈 파 납 팔 야

雪裡桃花片片紅
설 리 도 화 편 편 홍

세존은 별을 보고 도를 깨쳤다 하나

만공은 별을 보고 도를 미혹했다 하리라

미혹과 깨침을 갈파[112]한 납월 팔일 밤에

눈 속의 복사꽃 조각조각 붉었도다

---

112   갈파喝破 : 본질을 꿰뚫어 보고 분명하게 말하다. 정당한 논리로 잘못된 주장
을 바로잡고 진리를 밝힘.

해제 때 대중에게 보이다

[解制 示衆]

結時石女夢 결 시 석 녀 몽	결제 시에는 돌 여인의 꿈이요
解時木人歌 해 시 목 인 가	해제 시에는 나무 장승의 노래니라
夢歌都放下 몽 가 도 방 하	꿈과 노래를 모두 버리니
望月明如漆 망 월 명 여 칠	보름달이 밝기가 옻칠과 같도다

벽해를 지나며 읊다_2편

[過碧海 吟_二篇]

첫째 其一

大千世界呑吐客
대 천 세 계 탄 토 객

藏身龍角過碧海
장 신 용 각 과 벽 해

天極金剛法起體
천 극 금 강 법 기 체

茫茫河水古佛心
망 망 하 수 고 불 심

대천세계[113]를 삼켰다 내뱉는 객이

몸을 용뿔[114]에 싣고 푸른 바다를 지난다

하늘에 맞닿은 금강산은 법기보살의 몸이요

망망한 바닷물은 옛 부처 마음일세

둘째 其二

踏去踏來是甚麼
답 거 답 래 시 삼 마

草裡橫身毘盧師
초 리 횡 신 비 로 사

適有乾坤呑吐客
적 유 건 곤 탄 토 객

德崇山上喝三千
덕 숭 산 상 할 삼 천

밟아 가고 밟아 오는 이것이 무엇인고

풀 속에 누운 몸 비로자나불의 스승이어라

때마침 건곤을 삼키고 내뱉는 객이 있어

덕숭산 위에서 삼천세계에 할하노라

---

113 대천세계 : 소천·중천·대천의 세 종류 천세계가 이루어진 세계를 삼천 대천세
    계라 하는데, 수미산을 중심으로 해·달·사대주四大洲·육욕천六欲天·범천梵
    天을 합하여 한 세계라 하고, 이것의 천 배를 소천小千세계, 또 이것의 천 배를
    중천中千세계, 다시 이것의 천 배를 대천세계라 한다.

114 용뿔[龍角] : 부산과 원산을 왕래하던 여객선 '화룡호花龍號'를 지칭하는 말.

각화
覺華

霜天月落夜將半
상 천 월 락 야 장 반
誰共澄潭照影寒
수 공 징 담 조 영 한

露鳥不萌枝上夢
로 조 불 맹 지 상 몽
覺華無形樹頭春
각 화 무 형 수 두 춘

서리 찬 하늘 달마저 진 깊은 밤에

맑은 물에 차갑게 비추는 그림자를

누구와 함께할까

백로는 앙상한 가지 위에서 꿈꾸고

각화는 형상 없는 나무 끝의 봄이로세

비로봉에서 읊다

[毘盧峰 吟]

二九三四秋 이 구 삼 사 추	부처님 탄생하신 지 2934년[115]의 세월
月面登碧空 월 면 등 벽 공	월면[116]이 푸른 허공에 솟아오르네
放光毘盧頂 방 광 비 로 정	비로봉 정상에서 방광하고
分付東海印 분 부 동 해 인	동해에 무문인無文印을 분부하노라[117]

---

115 2934년 : 북방 불교에서 사용하던 기년법으로 보면 석가모니가 탄생한 해(기원 전 1027년)를 원년(1년)으로 삼는다. 오늘날 쓰는 남방 불기와는 차이가 난다.

116 월면月面 : 만공 스님의 법명法名.

117 동해에~분부하노라 : 스님이 동해 금강산에서 불조佛祖의 법을 이어받아 중생 교화를 해 보려는 뜻을 나타낸 말이다.

비로봉에 올라 읊다

[登毘盧峰 吟]

身登碧虛
신 등 벽 허
푸른 허공에 오른 몸이여

足下毘盧
족 하 비 로
발아래 비로봉이요

眼裏東海
안 리 동 해
눈[眼] 속에 망망한 동해로다

洗眼洗足
세 안 세 족
눈을 씻고 발을 씻음이

不是苦也
불 시 고 야
어찌 괴로움이 아니더냐

만공법어

금강산 반야대에서

[題 金剛山般若臺]

其號般若臺
<small>기 호 반 야 대</small>

般若是甚麼
<small>반 야 시 삼 마</small>

是名錯般若
<small>시 명 착 반 야</small>

皮下若有血
<small>피 하 약 유 혈</small>

幸須着眼看
<small>행 수 착 안 간</small>

그 이름 반야대여

반야는 무엇인가

이 이름이 반야를 그르쳤으니

만약 가죽 밑에 피가 있는 자라면

모름지기 눈을 뜨고 살펴보아라

보덕굴에서 읊다

[普德窟 吟]

短筇不休客
단 공 불 휴 객

正當普德窟
정 당 보 덕 굴

賓主不相見
빈 주 불 상 견

親如水水聲
친 여 수 수 성

짧은 지팡이 쉬지 않는 나그네

보덕굴에 때마침 당도하니

주인과 손[118] 서로 볼 수 없으되

친하기는 물과 물소리[119] 같더라

---

118   주인과 손 : 주인은 보덕굴 관음보살, 손은 만공 스님을 말한다.

119   물과 물소리 : 부처와 중생이 서로 여읠 수 없음을 비유하는 말이다.

금강산 업경대에서

[題 業鏡臺]

五十年來洗盡翁
오 십 년 래 세 진 옹

謾將明鏡掛高臺
만 장 명 경 괘 고 대

一步撞破四聖眼
일 보 당 파 사 성 안

於今業鏡作何物
어 금 업 경 작 하 물

咄
돌

50년 동안 닦기를 다해 온 늙은이

밝은 거울 쓸데없이 높은 대에 걸었네

한 걸음에 사성[120]의 안목을 타파했거니

이제는 그 업경이 아무 용처가 없구나

쯧쯧!

---

120   사성四聖 : 성문, 연각, 보살, 부처를 뜻한다.

금강산에서 읊다

[金剛山 吟]

山無山水無水　　산에는 산이 없고 물에는 물이 없어
산 무 산 수 무 수

月面去吐金剛　　월면이 가는 대로 금강을 토하는구나
월 면 거 토 금 강

信極到金剛　　　신심이 지극해져 금강산에 이르니
신 극 도 금 강

發心妙菩提　　　오묘한 보리심을 일으키도다
발 심 묘 보 리

태화산에서 읊다_3편
[泰華山 吟_三篇]

첫째 其一

泰山骨裡水
태 산 골 리 수

태화산 고로쇠 물로

洗去古佛心
세 거 고 불 심

고불의 마음을 씻어 내고

月面眞消息
월 면 진 소 식

월면의 참 소식을

付了栢樹子
부 료 백 수 자

잣나무에 부치노라

둘째 其二

君王但虛名
군 왕 단 허 명

군왕은 다만 헛된 이름뿐인데

分明法王臺
분 명 법 왕 대

법왕대는 분명 뚜렷하도다

風雲過鼻孔
풍 운 과 비 공

풍운은 콧구멍을 지나고

山水在目前
산 수 재 목 전

산과 물은 눈앞에 있노라

셋째 其三

雲山無同別
운 산 무 동 별

구름과 산이 같고 다름이 없으며

亦無大家風
역 무 대 가 풍

또한 대가풍도 없도다

如是無文印
여 시 무 문 인

이 같은 무문인을

分付於東面
분 부 어 동 면

저 동면에 분부하노라

도비산 부석사에 올라 읊다_2편
[登島飛山浮石寺 吟_二篇]

첫째 其一

春夢客上石泉庵
춘 몽 객 상 석 천 암

無口吸盡茫茫海
무 구 흡 진 망 망 해

如人忽問菩提道
여 인 홀 문 보 리 도

不答自歸白雲間
부 답 자 귀 백 운 간

춘몽 같은 나그네 석천암에 올라

없는 입으로 망망한 대해를 다 마셨네

만약 누군가가 문득 보리도[121]를 묻는다면

대답 없이 스스로 흰 구름 사이로 돌아가리

둘째 其二

萬像寂滅釋迦面
만 상 적 멸 석 가 면

寂滅滅已眞歸面
적 멸 멸 이 진 귀 면

佛祖遷化二三千
불 조 천 화 이 삼 천

妙理眞光永不昧
묘 리 진 광 영 불 매

온갖 형상 적멸하니 석가의 얼굴이요

적멸마저 없어지고 나니 진귀 조사[122] 면목이네

불조가 천화한 지 이삼천 년 지났어도

묘한 이치 진리의 광명 영원히 밝도다

---

121 보리도菩提道 : 깨달음의 지혜를 얻기 위하여 닦는 도.

122 진귀 조사眞歸祖師 : 신라 말 범일 국사梵日國師가 주창하여 고려 후기 일연
의 『선문보장록禪門寶藏錄』에 수록되어 전해진 설로서, 중국에는 없고 우리
나라에만 전한다. 석가모니가 샛별을 보고 깨달았으나 미흡함을 알고 좀 더 깊
은 수행을 위해 찾아간 조사가 진귀 조사라는 내용이다.

참회게문

懺悔偈文

一切隨風生
일 체 수 풍 생
일체가 바람 따라 생겨나고

一切隨風滅
일 체 수 풍 멸
일체가 바람 따라 소멸하니

了得風來處
요 득 풍 래 처
바람이 불어오는 곳을 요달하면

無生亦無滅
무 생 역 무 멸
생겨남도 없고 소멸함도 없으리라

此召得答時
차 소 득 답 시
이렇게 불러 답을 얻을 때가

法眼見性時
법 안 견 성 시
법안[123]으로 성품을 보는 때이니라

---

123   법안法眼 : 오안五眼의 하나로, 불법佛法의 바른 이치를 꿰뚫어 보는 지혜의 눈.

현암 선자에게 보이다_태흡 참회게문

[示玄庵禪子_ 泰洽懺悔偈文]

玄玄妙道豈能傳
현 현 묘 도 기 능 전

깊고 깊은 묘한 도를 어찌 능히 전할손가

無說無聞是爲禪
무 설 무 문 시 위 선

말함도 들음도 없는 것이 바로 선이니

君若知此禪道理
군 약 지 차 선 도 리

그대가 만약 이 선도리를 알면

他時不難作金仙
타 시 불 난 작 금 선

후일에 금선[124]이 됨이 어렵지 않으리

○

(원상)

124 　금선金仙 : 불타佛陀의 다른 이름.

보덕사에서 읊다[125]

[報德寺 吟]

松栢但青花自紅 송 백 단 청 화 자 홍	송백은 다만 푸르고 꽃은 스스로 붉은데
鴻雁已去自歸鳴 홍 안 이 거 자 귀 명	기러기는 이미 가고 자귀 새는 우는구나

---

125   이 시는 가장 믿었던 수법제자授法弟子 보월寶月 스님이 먼저 가고 없는 보덕
사에서 후래 불법後來佛法을 위하여 외롭게 한탄한 게송.

성월당을 애도하는 만사

[輓 惺月堂]

十方薄伽梵
시 방 박 가 범

一路涅槃門
일 로 열 반 문

今日惺月堂
금 일 성 월 당

亦然耶不然耶
역 연 야 불 연 야

三毒來三毒去
삼 독 래 삼 독 거

시방의 바가범[126]이

한 길로 열반문에 들었거니와

오늘 성월당은

또한 그러한가, 그렇지 아니한가

삼독으로 왔다가 삼독으로 갔을 뿐일세

---

126 바가범 : 부처님의 호칭으로 산스크리트어 '바가바트(bhagavat)'를 음역音譯한
     말이다. 바가반·박가범·박아범으로 표기하기도 한다.

침운당 만송

枕雲堂 輓頌

清淨如糞枕雲堂 청 정 여 분 침 운 당	청정하기는 똥 같은 이 침운당이여
奔忙恰似酒店奴 분 망 흡 사 주 점 노	분망함이 마치 술집 종과 같더니
老漢自有魁術業 노 한 자 유 괴 술 업	늙은이 스스로 괴술업이 있어
一步人天便盲眼 일 보 인 천 변 맹 안	한 걸음에 인간계와 천상계를 눈멀게 하였네

침운당 임종게 답송

[答 枕雲堂 臨終偈]

五十六年塵陋客
오 십 육 년 진 루 객

56년 동안 티끌에 찌든 객이

於今穿鑿一無眞
어 금 천 착 일 무 진

지금에 생각해 보니 하나도 참된 것이 없도다

偶得十方通一路
우 득 시 방 통 일 로

우연히 시방을 통하는 한 길을 얻으니

大千世界現眞身
대 천 세 계 현 진 신

대천세계에 진신을 나투었도다

운암 스님 만송

[雲岩師 輓頌]

雲起曾無起
운 기 증 무 기

한 점의 구름 일어나매 일찍이 일어남이 없고

滅時亦無滅
멸 시 역 무 멸

사라지매 또한 사라짐도 없어라

無滅無起處
무 멸 무 기 처

일어나고 사라짐 없는 곳에

雲岩劫外春
운 암 겁 외 춘

운암이여! 겁 밖의 봄이로구나

석호 영가를 위하여 읊다

[爲昔湖靈駕]

無始一妙兒
무 시 일 묘 아

來時難可測
래 시 난 가 측

去時亦如然
거 시 역 여 연

妙箇是甚麼
묘 개 시 삼 마

○

시작 없는 옛적부터 한 묘한 놈이여

오는 때도 헤아리기 어렵고

갈 때도 또한 그러하니

묘하구나, 이것이 무엇인고

(원상)

상로 구공 거사에게 주다

[贈 相老俱空居士]

善行昇天堂
선 행 승 천 당

惡行入地獄
악 행 입 지 옥

善惡兩俱空
선 악 양 구 공

往生極樂國
왕 생 극 락 국

如何是善惡俱空處
여 하 시 선 악 구 공 처

惡行入地獄
악 행 입 지 옥

善行昇天堂
선 행 승 천 당

착한 행으로 천당에 오르고

악한 행으로 지옥에 들어가나니

선악이 다 함께 공하면

극락 국토에 왕생하리라

어떠한 것이 선악이 함께 공한 곳인고

악행은 지옥으로 들어가고

선행은 천당으로 올라가니라

간월도에서 서산 군수 박영준에게 주다

[於看月島 贈瑞山郡守朴榮俊]

晩愚堂裡古佛心　　만우당[127] 속 옛 부처의 마음이여
만 우 당 리 고 불 심

木鳥石虎相爭轉　　나무 새와 돌 호랑이 서로 다툼이로다
목 조 석 호 상 쟁 전

127　　만우당 : 만공 스님 자신.

백련성에게 보이다

[示 白蓮性]

死眼頭頭長無明
사 안 두 두 장 무 명

活眼頭頭白蓮性
활 안 두 두 백 련 성

죽은 눈엔 닥치는 것마다 무명만 길고

산 눈엔 닥치는 것마다 백련의 성품[128]이니라

128   백련의 성품 : 불성佛性을 표현한 말이다.

혜일·심월 두 내외 신자에게 주다

[贈 慧日 · 心月內外信者]

慧日宇宙紅
혜 일 우 주 홍

心月萬古白
심 월 만 고 백

紅白永無盡
홍 백 영 무 진

頭頭太和春
두 두 태 화 춘

혜일은 온 우주에 붉고

심월은 만고토록 희도다

붉고 흼이 다함 없으니

두두물물이 태화의 봄일세

일본인 석정옥룡 거사에게 보이다

[示 日本人石井玉龍居士]

開眼十方起
개 안 시 방 기

눈을 뜨니 시방세계가 일어나고

閉眼十方滅
폐 안 시 방 멸

눈을 감으니 시방세계가 멸하네

起滅十方外
기 멸 시 방 외

일어나고 멸하는 시방세계 밖에서

玉龍轉意珠
옥 룡 전 의 주

옥룡이 여의주[129] 굴리도다

---

129 여의주 : 용의 턱 아래에 있다고 전해지는 구슬. 사람이 이를 얻으면 온갖 조화
를 마음대로 부릴 수 있다고 한다.

선원 잡지의 권두언

[禪苑¹³⁰雜誌 卷頭言]

眞言不出口
진 언 불 출 구

참말은 입 밖에 나가지 않고

眞言不出口
진 언 불 출 구

참말은 입 밖에 나가지 않도다

---

130   禪苑 :『선원禪苑』은 한국 전통 불교를 수호하기 위해 건립된 선학원禪學院
       에서 선禪의 대중화를 기하기 위해 펴낸 잡지이다. 선원은 1931년 10월에 창간
       호가 나왔고, 이후 1932년 2월에 2호가, 1932년 8월에는 3호가 나왔으나 4호는
       1935년 10월에 속간증대호續刊增大號로 간행되었다. 이 글은 제4호에 실려 있
       다.

학교창립 축시[131]

學校創立 祝詩

教育文明母
교 육 문 명 모

無心毘盧師
무 심 비 로 사

교육은 문명의 어머니요

무심은 비로의 스승이니라

---

131   춘성 스님이 서울 진명학교 창립 기념식에 받아 간 글.

구황의 처방[132]

[救荒方]

千種救荒方
천 종 구 황 방

천 가지 종류 구황의 처방도

不如般若食
불 여 반 야 식

반야를 먹음만 못하네

---

132   대은大隱(김태흡, 1899~1989) 스님이 총독의 지시로 전국에 있는 구황방(곡식이 아
      닌 초근목피만을 먹고 생명을 유지하는 방법)을 수집할 때 휘호하여 주신 법문.

이왕궁 족자 화제[133]
李王宮 簇子畵題

明月 未到 蘆花白
명 월 미 도 로 화 백

雁立 百年 江湖靑
안 립 백 년 강 호 청

명월이 뜨기 전에 갈대꽃이 이미 희었고

기러기가 푸른 강호에 백 년이나 서 있구나

---

133 수덕사 소유의 덕숭산을 이왕직李王職에게 재산 보호를 맡겼더니 그 소유권
을 이왕직으로 이전해 갔다. 만공 스님이 이왕직에게 찾아가 그 부당함을 말하
고 다시 사찰 소유로 환원시켰다. 이때 의친왕義親王 이강 공李剛公이 화제畵
題가 없는 그림 족자를 보이며 만공 스님에게 화제를 요청하므로 스님이 이 게
송을 지어 주었다.

부채를 두고 읊다[134]

[扇子 吟]

紙無紙竹無竹　　종이에 종이라는 것이 없고
지 무 지 죽 무 죽

　　　　　　　　대에 대라는 것이 없는데

淸風何處來　　　맑은 바람이 어느 곳에서 나오는가
청 풍 하 처 래

紙空竹空處　　　종이도 공하고 대도 공한 곳에
지 공 죽 공 처

淸風自往來　　　청풍이 제 스스로 가고 오구나
청 풍 자 왕 래

134　이 시는 일본 임제종臨濟宗 본산本山에서 부채를 보내어 그 위에 만공 스님이
　　게송을 지어 휘호한 후 보내 달라는 편지가 있었으므로, 이에 스님이 게송을 지
　　은 것이었다. 부채에 휘호한 후 보내 주었다고 한다.

부민관에서 무희의 춤을 보고[135]

[於府民館中 觀舞姬]

神出承喜舞
신 출 승 희 무

來處見不得
래 처 견 부 득

指掛三千群
지 괘 삼 천 군

搖身三月燕
요 신 삼 월 연

신출귀몰한 최승희의 춤이여

온 곳은 볼 수 없으되

삼천 군중을 손가락에 걸고

경쾌한 몸놀림 3월 제비로구나

135 부민관府民館은 현재의 세종대로 125에 위치한 서울특별시의회 자리에 있었
다. 최승희崔承喜(1911~1969)가 1938년부터 3년 동안 유럽, 미국, 중남미를 순회
공연하기 전인 1937년 2월, 경성 부민관에서 공연을 했던 것을 만공 스님이 보
시게 되었고, 이를 읊은 시이다.

두 비구가 싸울 때

[兩比丘諍論]

木鳥石虎相爭論　　나무 새와 돌 호랑이가 서로 다투는 것을
목 조 석 호 상 쟁 론

誰是孰非是是非　　누가 옳고 누가 그르다 하겠는가, 시시비비여
수 시 숙 비 시 시 비

보월성인에게 보이다

[示 寶月性印]

色空空亦空
색 공 공 역 공

색이 공함에 공마저 공하여

空色兩俱空
공 색 양 구 공

공과 색이 함께 공하였으니

且道是何物
차 도 시 하 물

또한 일러라 이 무엇인고

○

(원상)

猛冬薄寒
맹 동 박 한

겨울 날씨가 차기도 하여라

혜암현문 선자에게 보이다

[示 惠庵玄門禪子]

雲山無同別 운 산 무 동 별	구름과 산 같고 다름없어
亦無大家風 역 무 대 가 풍	대가풍 또한 없어라
如是無文印 여 시 무 문 인	이와 같이 흔적 없는 인印을
分付惠菴汝 분 부 혜 암 여	혜암 너에게 분부하노라

세존 응화 2956년(1929) 기사 3월 초칠일

경허 문인 만공월면 고稿

고봉 선자에게 보이다

[示 古峰禪子]

古佛猶未傳
고 불 유 미 전

今人豈能傳
금 인 기 능 전

雲散月自明
운 산 월 자 명

崇山是古峰
숭 산 시 고 봉

옛 부처도 오히려 전하지 못하였거든

지금 사람이 어찌 능히 전할까 보냐

구름이 흩어지자 달이 절로 밝으니

덕숭산이 바로 그대로구나 [136]

---

[136]　만공 스님에게 전법을 받은 박고봉朴高峰(1901~1967) 스님은 전법 제자인 숭산
행원 선사에게 법을 전하며 만공 스님에게 받은 전법게의 마지막 구절인 '숭산시
고봉崇山是古峰' 구절을 가져와서 '숭산'이라는 법호를 하사했다. 고봉 스님은
숭산 스님에게 법을 전하며 스승인 만공 스님의 '세계일화世界一花'를 부촉하
며 "너의 법이 세계에 퍼질 것이다."라고 하였다.

성월 선자에게 보이다

[示 性月禪子]

心月本是空 　마음 달이 본래로 공한데
심 월 본 시 공

空亦是非空 　공 또한 공이 아니라네
공 역 시 비 공

非只是何物 　공 아닌 이것이 무슨 물건인고
비 지 시 하 물

劫外春花實 　겁 밖에 봄꽃 피고 열매 맺었네
겁 외 춘 화 실

금오 선자에게 보이다

[示 金烏禪子]

德崇山脈下
덕 숭 산 맥 하

今付無文印
금 부 무 문 인

寶月下桂樹
보 월 하 계 수

金烏徹天飛
금 오 철 천 비

덕숭산 산맥 아래서

지금 무문인을 부치노니

보월은 계수에서 졌으나 [137]

금오 그대는 하늘에 사무쳐 나네

---

137   보월은 계수에서 졌으나 : 보월 스님은 임종하였음을 의미함.

학몽 선자에게 보이다

[示 鶴夢禪子]

眞無眞妄無妄　　　진에 진이 없고 망에 망이 없음이여
진 무 진 망 무 망

眞是眞妄是妄　　　진은 진이고 망은 망이로다
진 시 진 망 시 망

如是眞妄眞如法　　이와 같은 진망의 진여법을
여 시 진 망 진 여 법

付與鶴夢雪峰子　　학몽설봉 선자에게 부쳐 주노라
부 여 학 몽 설 봉 자

전강 선자에게 보이다

[示 田岡禪子]

佛祖未曾傳
<small>불 조 미 증 전</small>
불조도 일찍이 전하지 못하였고

我亦無所得
<small>아 역 무 소 득</small>
나 또한 얻은 바 없음이여

此日秋色暮
<small>차 일 추 색 모</small>
오늘도 가을빛 저물어 가는데

猿嘯在後峰
<small>원 소 재 후 봉</small>
원숭이 휘파람 뒷산에서 부네

올연[138] 선자에게 보이다

[示 兀然禪子]

傳也三十棒
전 야 삼 십 봉

전한다 해도 30방망이요

受也三十棒
수 야 삼 십 봉

받는다 해도 30방망이니

棒也三十棒
봉 야 삼 십 봉

또한 30방망이를

付與兀然子
부 여 올 연 자

올연 선자에게 부쳐 주노라

138   올연 : 청담青潭 스님의 법호.

포산 선자에게 보이다

만공·포산[139]이 꿈꾸는 즐거움

[示 飽山禪子_滿飽夢樂]

月白無星色
월 백 무 성 색

山靑十方飽
산 청 시 방 포

如是山月裏
여 시 산 월 리

萬像日日新
만 상 일 일 신

달이 밝으니 별빛이 없고

산이 푸르니 시방이 배가 불렀네

이와 같이 산과 달 속에서

온갖 형상 나날이 새롭네

불기 2965년 임오(1942) 3월 7일

경허 문인 만공 서書

---

139   포산飽山 : 본명은 윤달선尹達善(1912~1971). 만공 스님의 제자로 해인사, 개태
        사 등에서 활동하였다. 법명은 혜천慧天, 당호는 포산, 별명은 지리산의 도인
        으로 불렸다. 일제 강점기 때 승려로 활동하던 그는 당숙 윤치호 등과 교류하였
        고, 윤보선이 그의 사촌 형이다. 그가 해인사 조실로 있을 때 제선, 정영, 향엄당
        성련 등이 그의 밑으로 출가하였다.

진성 사미[140]에게 보이다

[示 眞惺沙彌]

眞性本無性　　참 성품에는 본래 성품이 없고
진 성 본 무 성

眞我元非我　　참 나는 원래 내가 아닐세
진 아 원 비 아

無性非我法　　성품도 없고 나도 아닌 법이
무 성 비 아 법

總攝一切行　　일체행을 총괄하여 거두었느니라
총 섭 일 체 행

계미년(1943) 3월 보름[望]

덕숭산 전월사轉月舍

노사老師 만공 루漏

140　　진성 사미 : 당시 만공 스님을 모시던 시자侍者로, 법호는 '원담圓潭'이다.

묘리 비구니 법희에게

[妙理比丘尼法喜]

萬像寂滅釋迦面
만 상 적 멸 석 가 면

寂滅滅已眞歸面
적 멸 멸 이 진 귀 면

佛祖遷化二三千
불 조 천 화 이 삼 천

妙理眞光永不昧
묘 리 진 광 영 불 매

만상이 적멸하니 석가의 얼굴이요

적멸마저 없어지고 나니 진귀 조사 면목이로다

불조가 천화한 지 이삼천 년 지났어도

묘리 그대의 참된 광명 영원히 밝으리

세존 응화 2943년(1916)

충남 예산군 덕산면 사천리

정혜사 금선대 법사 만공

백련도엽[141] 비구니에게 보이다

[示 白蓮道葉比丘尼]

性若白蓮後
성 약 백 련 후

始之出山
시 지 출 산

성품이 백련과 같은 연후에라야

비로소 산에서 나가게 하여라

세존 응화 2961년 갑술년(1934) 5월 초하루

금선대에서

경허 문인 송만공 고稿

141　백련도엽 : 김일엽金一葉(1896~1971) 스님.

월저지명 비구니에게 보이다

[示 月底智明尼]

性空復境寂
성 공 부 경 적

心月照十方
심 월 조 시 방

성품도 공하고 다시 경계도 고요한데

마음 달이 시방세계를 비추네

불기 2964년(1937) 정축 5월

덕숭산 금선동金仙洞 소림초당에서

곤몽객困夢客 만공 루漏

숭심명순 비구니에게 보이다

[示 崇深明順尼]

立志如山
입 지 여 산

成佛自然
성 불 자 연

安心似海
안 심 사 해

頭頭安樂
두 두 안 락

뜻 세우기를 산과 같이 하면

성불은 저절로 될 것이며

마음 편안히 하기를 바다같이 하면

곳곳마다 안락을 누리리라

불기 2966년(1927) 기묘 2월 초삼일

덕숭산 소림초당 69옹翁 송만공

습득 행녀에게 주다

[賜 拾得行女]

得處便是失
득 처 변 시 실
얻는 곳이 바로 잃는 곳이고

失處便是得
실 처 변 시 득
잃는 곳이 바로 얻는 곳이니

得失放下則
득 실 방 하 즉
얻음과 잃음을 놓아 버린다면

頭頭毘盧師
두 두 비 로 사
두두물물이 비로자나불의 스승이리라

서문

序文

선림계 서

양고기 달아 놓고 개고기를 파는 가풍

『화엄경』에 이르되,

"만일 사람이 삼세의 모든 부처님을 알고자 할진댄 응당 법계의 성품을 관할지니, 모두가 오직 마음으로 짓는 것이니라." 하였으며,

『법화경』에 이르되,

"대통지승불大通智勝佛이 십겁 동안 도량에 앉았으되, 불법이 앞에 나타나지 아니하여 불도佛道를 이루지 못하였다." 하였으며,

『원각경』에 이르되,

"모든 중생의 갖가지 환화幻化가 다 여래의 원각묘심圓覺妙心에서 나왔다." 하였으며,

『금강경』에 이르되,

"만일 모든 상相이 상 아님을 본다면 곧 여래를 보리라." 한 것이 다 이 마음 법을 말씀하신 것이니라.

그러므로 마음이란 모든 현인賢人과 성인聖人의 처음이며 모든 법의 으뜸이므로, 전불前佛·후불後佛이 마음으로써 마음을 전하시고 문자를 세우지 아니하셨느니라.

세존께서 다자탑多子塔 앞에서 가섭 존자와 자리를 나누시고,

영산회상靈山會上에서 꽃을 들어 보이셨으며, 사라쌍수沙羅雙樹 아래서 관 밖으로 두 발을 보이셨으니, 이 세 곳에서 마하가섭에게 교외별전 법을 전하셨다. 가섭이 아난에게 전하여 33대에 걸쳐 조사와 조사가 서로 전함이 덕숭산에 이르러 경술년으로부터 이제까지 30회에 달하였으니, 무슨 법으로써 사람을 위하였는가?

(원상) 이것은 바로 부처님과 조사의 심인心印이며 모든 중생의 본래면목이니라.

세존께서 설산雪山에서 6년간 앉아 움직이지 아니하셨고, 달마 대사가 소림굴少林窟에서 9년간 말이 없으셨고, 조주 대사가 30년간 잡되게 마음을 쓰지 않았으니, 모두 다 닦아 증득하신 분들인데, 오늘날 사람들은 무엇 때문에 옛 성인을 본받지 아니하는고? 만일 옛 성인을 본받지 아니하고는 자기 구제도 못할 터이니 어찌 중생을 제도하겠는가?

슬프다! 대법大法이 침체됨에 마구니와 외도가 치성하여 실낱같이 위태로워진 부처님의 혜명慧命을 보존하기 어렵게 된 것이 실로 오늘의 현상이다.

이에 온갖 폐단이 일어나 제산諸山의 학자들이 안으로는 발심發心의 기틀을 잃고 밖으로는 고루함을 치료할 바탕이 없으므로, 이에 약간의 조도 자량助道資糧을 느낀 바 있어 근역(한반도) 선림禪林에 향을 사르고 바치노라. 한반도 선림에서 오늘날 충분히 판

단하리니, 뜻 있는 여러분들이여! 삼요三要¹⁴²를 힘써 갖추고 이리
二利¹⁴³의 기초를 이에 시작하여 근역의 선림을 부흥시키고, 설산
의 좌선과 소림의 묵언과 조주趙州의 용심用心을 본받아 단박에 깨
달아 닦아 증득할지니, 옛 부처와 다름이 없이하여 부처님과 조사
의 정맥을 위로는 영산회상에 대를 잇고 아래로는 용화회상에 이
르게 하여, 삼세에 현묘한 가풍을 떨치고 시방에 큰 모범을 지어서
사생四生과 육도六途¹⁴⁴의 미혹한 중생을 제도하여 함께 금선金仙
을 증득하여지이다. 이에 분향하노라.

삼단三檀¹⁴⁵의 평등한 보시로
육도六度¹⁴⁶를 고루 닦아
무루과無漏果¹⁴⁷를 뚜렷이 하여

---

142   삼요三要 : 『임제록』에서 임제 스님이 "한 구절의 말에 반드시 삼현문이 갖춰
져 있고, 일현문에 반드시 삼요가 갖춰져 있어서 방편도 있고 작용도 있다. 그
대들은 이것을 어떻게 이해하는가?"라고 하였다. 임제 스님은 이 말씀 외에는
없었고, 삼현 삼요에 대해서 훗날 주석가들의 다양한 해석이 있을 뿐이다.

143   이리二利 : 자리自利·이타利他.

144   육도六途[六道] : 중생이 선악의 업인業因에 의하여 윤회하는 여섯 가지 세계
로, 지옥·아귀·축생·아수라·인간·천상계를 말한다.

145   삼단三檀 : 세 가지 보시로서, 재시財施·법시法施·무외시無畏施이다. 또는
음식시飮食施·진보시珍寶施·신명시身命施를 말하기도 한다.

146   육도六度 : 보살 수행의 6종 덕목德目으로, 보시布施·지계持戒·인욕忍辱·정
진精進·선정禪定·지혜智慧를 말한다. 육바라밀六波羅蜜이라고도 한다.

147   무루과無漏果 : 모든 번뇌의 허물을 여읜 무루지無漏智로써 닦아 증득한 과득
果得을 말함.

함께 불도를 이루어지이다.

세존 응화 2954년 정묘(1927) 12월 8일
임제 32대 사문 만공이 금선대에서 쓰다.

禪林楔序　－懸羊買狗

華嚴經云 若人欲了知 三世一切佛 應觀法界性 一切唯心
造 法華經云 大通智勝佛 十劫坐道場 佛法不現前 不得成
佛道 圓覺經云 一切衆生 種種幻化 皆生如來圓覺妙心 金
剛經云 若見諸相非相 卽見如來 皆是心法說 故心也者
諸賢聖之祖 一切法之宗 故前佛後佛 以心傳心 不立文
字 世尊 多子塔前分半座 靈山會上擧拈花 沙羅樹下 槨
示雙趺 此三處 摩訶迦葉 敎外別傳 迦葉 阿難 傳卅三祖
祖相傳 德崇到 自庚戌 今回 三十回達 以何法爲人

○ 這介佛祖心印 一切衆生 本來面目 世尊 雪山 在六年
坐不動 達摩大師 少林 居九歲 黙無言 趙州大師 三十年
不雜用心 皆是這介修證 今時之人 爲何 古聖不[148]模範 若
古聖不模範 自救不了 況度衆生
嗚呼 大法沈淪 魔外熾然 覺皇慧命 殘縷保難 實今日現狀
於是乎百弊俱起 諸山學者　內發心之機失　外療枯之資

148　不 : 원문에는 없으나 문맥상 필요하다고 판단되어 넣었다. 아래의 古聖
　　뒤에도 마찬가지로 '不'을 넣었다.

無　 玆感有些少助道資糧 槿城禪林　熱香供獻 半島禪林

今日 彌判 有志諸位 三要克備 二利基礎 玆始 槿域禪林

復興 雪山坐禪 少林默言　趙州用心模範　頓悟修證　古佛

無異 佛祖正脈　上靈山繼代　下龍華　至三世玄風振　十方

弘範作 四生六途 迷倫濟度 同證金仙 焚香

三檀等施 六度齊修

無漏果圓 共成佛道

世尊應化 二千九百五十四年　丁卯 臘月八日

臨濟三十二代 沙門滿空 書于金仙臺

덕숭산 정혜사 능인선회 방함록 서

옛적에 96종이 다 유위법有爲法으로 종宗을 삼아서 만겁토록 생사
生死를 윤회하였거니와, 영산회상의 대각 세존은 대중에게 무위정
법無爲正法의 삼보리三菩提를 보여서 영원히 윤회를 끊게 하시니,
이와 같이 모여 참구할지어다. 이것이 영산의 방함芳啣이니라.

덕숭산인德崇山人 만공월면이 30년간 ☺ 이같이 대중에게 보
여서 보리도를 얻게 하여 삼계를 벗어나게 하였으니, 이와 같이 모
여 참구하라. 이것이 능인선원의 방함芳啣이니라.

그러면 삼보리란 무엇인고?

갈쌀보리 봄쌀보리 육모보리니라.

불기 2964년 정축(1937) 11월 보름
경허 선사 사법嗣法 만공월면 씀.

德崇山 定慧寺 能仁禪會 芳啣錄序
昔 九六宗 皆是有爲法爲宗 輪廻生死萬劫也 靈山會上 大
覺世尊 示衆無爲正法三菩提 永割輪廻也 如是會參 是靈

山芳啣也 德崇山人 滿空月面 三十年來 ☺ 如是示衆 道
得菩提 超出三界也 如是會參 是能仁芳啣也 然三菩提者
是甚麼
갈쌀보리 봄쌀보리 육모보리니라

佛紀二九六四年丁丑至月望
鏡虛禪師 嗣法 滿空月面 書

견성암 방함록 서

무엇을 방함芳啣이라 하는가?

생사生死의 고해苦海를 여의고 깨달음의 피안[覺岸]에 오르는 것이
방함이니라.

어떤 것이 고해를 여의고 각안에 오르는 것인가?

고해에 고해가 없고 각안에 각안이 없는 도리가 고해를 여의
고 각안에 오르는 법이니, 석가세존의 영산회상도 이와 같은 방함
이며, 미륵불의 용화회상도 이와 같은 방함이니라. 쯧쯧.

불기 2955년 무진(1928) 정월 보름
만공은 누설하다.

見性庵 芳啣錄 序

云何名芳啣 離苦海 登覺岸 是名芳啣 云何離苦海 登覺岸
苦海無苦海 覺岸無覺岸道理 離苦海登覺岸法 靈山 如是
芳啣 龍華 如是芳啣 咄

佛紀二九五五年 戊辰 正月 十五日

滿空 漏

발원문

發願文

발원문

發願文

8만 4천 가지 법문이 부처님의 말씀이 아닌 바가 없으나 모두 아이의 울음을 그치게 함에 지나지 아니하고, 오직 마음으로 바로 가르쳐서 견성성불見性成佛케 하는 참선법이 있을 따름이로다.

삼계三界에 모든 불보살이 모두 이 법으로써 고해의 중생을 제도하시나니, 그러므로 이것을 정법안장正法眼藏[149]이라 하며, 혹은 부처님의 심인心印이라 하며, 경절문徑截門[150] 또는 골수법骨髓法이라 한다. 선법禪法을 여의고는 만 가지 법을 모두 닦을지라도 부처님과 조사의 연설하신 참된 뜻이 나타나지 아니할 것이니, 중생 제도할 길이 어찌 막히지 아니하리오.

다행히 우리나라는 불교의 정법正法인 참선법이 유포되어 무수한 조사祖師가 출현하였을 뿐 아니라, 삼삼卅三 조사[151]의 정맥正

---

149 정법안장正法眼藏 : 부처님이 세상의 이치를 깊이 깨달은 후, 깨달음의 기쁨을 맛보던 묘법이다. 영산회상에서 꽃을 들어 보일 때 가섭만이 그 뜻을 알고 웃었다. 이에 부처님이 "나에게 정법안장과 열반묘심이 있으니, 이를 가섭에게 부촉하노라."고 하셨다.

150 경절문徑截門 : 빠른 지름길의 구도求道의 문.

151 삼삼卅三 조사 : 부처님의 법을 이은 33명의 조사. 서역 28명의 조사와 중국 6

만공법어 •

脈을 직전直傳하였으며, 108 역대 조사의 계통을 이어받아 순전히 선종법계禪宗法系를 장엄하여 근역槿域(한반도) 문화의 근원이 되었도다.

그러나 거의 수백 년 이래로 국정의 압박과 기타 여러 가지 폐해로 말미암아 대법大法의 광명이 흑운黑雲에 가려 암흑한 구렁에 헤매는 중생의 앞길을 인도할 수 없을 뿐만 아니라 사라수하沙羅樹下의 유촉遺囑을 거의 저버리게 되었도다.

슬프다! 온갖 폐단이 다투어 일어남에 내부에 부패가 극도에 이르고 외계에 풍우가 또한 시급함이로다.

슬프다! 각황覺皇의 혜명이 이로부터 보전하기 어렵도다.

제산 납자諸山衲子여! 분慣을 발하라. 대원大願을 세워라!

이제 때가 되었도다. 듣지 못했는가? 아미타불[152]은 과거 법장 비구 때에 사십팔원願[153]을 세우시고, 지장보살[154]은 지옥 중생을 슬피 여기시어 대원을 세우셨으니, 이와 같이 삼세의 모든 불보살들이 원력願力을 세우지 아니하심이 없음이로다.

대법大法의 침륜沈淪을 애통해하시는 사해四海 도반이여!

명의 조사가 있다. 서역의 28대 조사가 바로 중국 선종의 초조인 달마 대사이다.

152 아미타불 : 서방 정토 극락세계에 계신다는 부처님.

153 사십팔원願 : 아미타불이 부처님이 되기 전에 법장 비구였을 때 세웠던 48가지 서원이다.

154 지장보살 : 부처님 입멸 후부터 미륵불이 나타날 때까지의 부처님 없는 세상에서 육도의 중생을 교화한다는 대비보살.

삼세제불을 본받아 대원을 세워서 한쪽의 바리때와 한 폭의 누더기의 부운생애浮雲生涯[155]도 오히려 지탱하기 어려운 우리 선우禪友를 붙잡으며, 선림을 부흥하고 현풍玄風[156]을 유통하여, 위로 혜명을 영산에 잇고 아래로 심월心月을 용화龍華[157]에 비추어 사중은혜四重恩惠[158]를 보답하며 삼도고취三途苦趣[159]를 도탈度脫케 하여 법계 함령含靈이 다 함께 성불成佛케 합시다.

세존 응화 2957년(1930) 정월 일

---

155 부운생애浮雲生涯 : 뜬구름 같은 허망한 삶.

156 현풍玄風 : 현묘한 진리의 가풍家風.

157 용화龍華 : '용화'의 의미는 부처님이 열반하시고 56억 7천만 년 뒤에 도솔천에서부터 미륵보살이 새로운 부처님으로 내려오는데, 그때 '용화수' 나무 아래에서 깨달음을 얻게 된다는 설화에서 나온 것이다. 미륵보살이 미륵불이 되어 세 번의 법회를 연다고 해서 '용화삼회'라고도 불린다.

158 사중은혜四重恩惠 : 네 가지 무거운 은혜로, 부모·국왕·중생·삼보三寶로 보기도 하며, 부모·사장師長·국왕·시주자로 보기도 한다.

159 삼도고취三途苦趣 : 괴로운 세계인 삼악도를 말하며, 지옥·아귀·축생 세계이다.

사홍서원
四弘誓願

주인공아! 정신 차려 살필지어다.

너를 낳으시고 기르신 부모의 은혜를 아느냐.

모든 것을 보호하여 주시는 나라의 은혜를 아느냐.

모든 수용을 당하여 주시는 시주의 은혜를 아느냐.

정법正法을 가르치시는 스님의 은혜를 아느냐.

서로 탁마琢磨하는 대중의 은혜를 아느냐.

네가 출가한 처음 뜻을 잊지 않았느냐.

이 더러운 몸이 생각 생각에 썩어져 감을 아느냐.

사람의 목숨이 호흡 사이에 있는 줄을 아느냐.

승당을 여의지 않고 절개를 지키느냐.

공연히 잡담하지 않느냐.

분주히 시비를 일으키지 않느냐.

화두가 자나 깨나 항상 성성하여 매昧하지 않느냐.

듣고 보고 말하고 오고 갈 때에 한 조각을 이루지 않느냐.

금생에 결정코 부처님의 혜명을 잇겠느냐.

받아씀이 좋고 편안할 때에 지옥고를 생각하느냐.

이 몸으로 아주 생사를 면하겠느냐.

팔풍八風[160] 경계를 당하여도 마음이 동하지 않느냐.

슬프도다! 이 몸을 금생에 제도 못 하면 다시 언제나 제도할 것인가!

시방삼세의 모든 부처님과 보살님께옵서 대자대비를 드리우사 증명하여 주시옵소서.

제자가 이에 모든 것이 허망함을 깨닫고 참된 법을 구하기 위하여 큰 서원을 발하나이다.

중생이 가없는지라 서원코 건지겠사오며

번뇌가 다함이 없는지라 서원코 끊겠사오며

법문이 한량이 없는지라 서원코 배우겠사오며

불도가 위없는지라 서원코 이루겠나이다.

자성 중생을 서원코 건지겠사오며

자성 번뇌를 서원코 끊겠사오며

자성 법문을 서원코 배우겠사오며

자성 불도를 서원코 이루겠나이다.

팔풍八風이란 남이 나에게 이롭게 하는 때나, 나를 칭찬할 때나, 모

---

160   팔풍八風 : 이利·쇠衰·훼毁·예譽·칭稱·기譏·고苦·낙樂의 8종이다. 이 8가지가 능히 사람의 마음을 흔들어 놓으므로 바람에 비유한다.

든 일이 내 뜻대로 되는 때나, 편안하고 즐거운 때나, 내외 형편이 쇠잔할 때나, 남이 나를 기롱譏弄하는 때나, 고생스러울 때나, 이러한 여러 가지 경계에 좋으나 좋지 않으나 그 마음이 조금이라도 동하지 말아야 하는 것이니라.

삼대발원
三大發願

첫째, 우리는 삼세제불의 말세 정법未世正法을 옹호합시다.

둘째, 우리는 조종祖宗의 현풍을 유통하여 이리二利(자리이타)를
원성圓成합시다.

셋째, 우리는 근역 선림槿域禪林을 진흥하여 세계 문화를
개척합시다.

수행찬

修行讚

참선곡
參禪曲

참선하세	참선하세	젊었을때	참선하세
노인불수 老人不修	파거불행 破車不行	고금으로 古今	고인말씀 古人
일러옴을	어이하랴	안민을까	
오탁악세 五濁惡世	수고중생 受苦	다겁업장 多劫業障	지중하여 至重
참선이란	무엇인지	알지못한	저분들께
참선이자 參禪二字	설명하니	안심하여	들어보소
지금세상	사람들이	근본정신	등을지고
풍등같은 風燈	육체생활	아침나절	성턴몸이
저녁나절	중병들어	약을쓴들	효력보며
명산대찰	기도하니	기도덕을	입을소냐
신구의사 新舊	청해다가	갖은치료	다하여도
할수없이	죽는인생	한심하고	참혹하다
이러므로	불타께서 佛陀	범소유상 凡所有相	개시허망 皆是虛妄
곳곳마다	느낌일세	허망이자 虛妄二字	있을진댄
진실이자 眞實二字	있을일은	증명할일	이아닌가
사람끼리	서로불러	대답하는	나의정신

만공법어

죽도않고 살도않고 생사윤회 간섭없는

소소영령 나의불성 사람마다 다있건만
昭昭靈靈

있는건지 없는건지 밝은건지 어둔건지

방원장단 무엇인지 명암공색 무엇인지
方圓長短　　　　　　明暗空色

명백하게 모른고로 육도사생 윤회하며
　　　　　　　　　　六途四生

만반고초 다받으니

이러므로 실달태자 정반왕궁 급히떠나
　　　　　悉達太子

설산유곡 깊이들어 6년수행 참선하여
雪山幽谷

갑신납월 초팔일에 밝은별을 보시다가
甲申臘月

홀연정각 하셨으니 호를장부 천인사라
忽然正覺　　　　　　號　丈夫　天人師

우리들도 발심하여 실달태자 본받을세

참선을 배워 정진하는 법

사람사람	무삼도리	행하여야	
허망된법	다버리고	진실도에	정진될까
하늘을	믿는법이	진실도에	정진될까
하늘역시	유상이라 (有相)	성주괴공	못면하니
진실도라	못하오며		
땅을	믿는법이	진실도에	정진될까
땅역시	유상이라	성주괴공	못면하니
진실도라	못하오며		
허공을	믿는법이	진실도에	정진될까
허공역시	유상이라	성주괴공	못면하니
진실도라	못하오며		
부처님을	믿는법이	진실도에	정진될까
부처역시	유상이라	진실도라	못하오며
부모를	믿는법이	진실도에	정진될까
부모역시	유상이라	생로병사	못면하니
진실도라	못하오며		

자녀를	믿는법이	진실도에	정진될까
자녀역시	유상이라	생노병사	못면하니
진실도라	못하오며		
형제를	믿는법이	진실도에	정진될까
형제역시	유상이라	생노병사	못면하니
진실도라	못하오며		
가군을 家 君	믿는법이	진실도에	정진될까
가군역시	유상이라	생노병사	못면하니
진실도라	못하오며		
붕우를 朋 友	믿는법이	진실도에	정진될까
붕우역시	유상이라	생노병사	못면하니
진실도라	못하오며		
재산을	믿는법이	진실도에	정진될까
재산역시	유상이라	있다가도	없어지니
진실도라	못하오며		
사람사람	나의육체	믿는법이	진실도에 정진될까
나의육체	유상이라	생로병사	못면하니
진실도라	못하오며		
보는놈을	믿는법이	진실도에	정진될까
보는놈도	식심이라 識 心	기멸생사 起 滅 生 死	못면하니
진실도라	못하오며		
듣는놈을	믿는법이	진실도에	정진될까

듣는놈도　식심이라　기멸생사　못면하니
진실도라　못하오며
냄새맡고　맛보는놈　믿는법이　진실도에　정진될까
냄새맡고　맛을보는　이놈역시　식심이라
기멸생사　못면하니　진실도라　못하오며
차다덥다　하는놈을　믿는법이　진실도에　정진될까
차다덥다　하는놈도　또한역시　식심이라
기멸생사　못면하니　진실도라　못하오며
선심악심(善心惡心)　믿는법이　진실도에　정진될까
선심역시　망식(妄識)이요　악심역시　망식(妄識)이라
기멸생사　못면하니　진실도라　못하오며
팔만사천　갖은망상　기멸생사　못면하니
진실도라　못하리니
무삼방편　행하여야　허망된법　다버리고
진실도에　정진할꼬
진실도의　정진법은　일천칠백　공안(公案)이요
일천칠백(一千七百)　공안에　조주무자(趙州無字)　최상이라
무자화두(無字話頭)　드는법을　세밀하게　설하오니[161]
이화두를　결택(決擇)하여　진실도에　정진하면
부처되기　아주쉽소

161　뒤에 나오는 「무자화두無字話頭 드는 법」 참조.

산에 들어가 중이 되는 법

인간오욕   다버리고   산에들어   중되는법
人間五欲
옷과밥을   구함인가

옷과밥을   구하려면   산에들일   무삼이며
부귀영화   구함인가

부귀영화   구하려면   산에들일   무삼인가
명욕권리   구함인가

명욕권리   구하려면   산에들일   무삼인가
문장명필   구함인가

문장명필   구하려면   산에들일   무삼인가
입산위승   하는법은   세상만사   다버리고
                              世上萬事
남음없는   발심으로   선지식을   참례하여
                                            參禮
분향고두   신올리고   어떤것이   부처리까
焚香叩頭   信
한말씀을   올리며는

선지식이   무삼법을   답할른지

그말씀을   신행하여   행주좌와   동정중에

일분일각   간단없이   혼침산란   팔리잖고
                              昏沈散亂

성성적적	거각할 때	기심은	천마요
惺惺寂寂	擧覺	起心	天魔
불기심은	음마요	기불기는	희론마니
不起心	陰魔	起不起	戱論魔
무삼방편	행하여야	허물된병	다고치고

진실도에	정진할꼬

한 중이 조주 스님에게 묻되, "개도 도리어 불성佛性이 있습니까, 없습니까?" 하니 조주 스님이 "무無"라 하셨으니, 조주는 무얼 인 하여 무라 일렀는고?

이 생각을 고양이가 쥐를 생각하듯 닭이 알을 품듯 일심一心으로 지어 갈 때 개 불성이 있음도 아니요, 개 불성이 없음도 아니요, 개 불성이 있고 없는 두 가지가 다 공하여 아주 없는 것도 아닌 곳을 향하여 들어가다 취부득取不得 사부득捨不得**162**하여, 공부를 지을래야 지을 수도 없으며, 놓을래야 놓을 수도 없는 즈음의 적야삼경寂夜三更에 그림자 없는 금송아지가 쇠 벽을 뚫고 나오더라.

소를 얻기는 얻었으나 키울 일이 난처로다. 이 소는 다른 소와 달라 모든 풀과 곡식을 아니 먹고, 다만 귀신 방귀 털을 먹고 사는 소라 키우기 극난일세.

귀신 방귀 털이나마 다른 소와 같이 먹새를 잘하면 무엇을 걱정할까. 터럭만치만 더 먹여도 창증瘡症이 나고, 터럭만치만 덜 먹

---

162   취부득取不得 사부득捨不得 : 취할 수도 없고 버릴 수도 없는 어찌할 수 없는 경지를 표현함.

만공법어   •

여도 허기나니 참 이 소 키우기 어렵도다.

　하루, 이틀, 사흘, 나흘, 한 달, 두 달, 일 년, 이 년, 온 삼 년 키우자니 세계에 귀신 방귀 털이 품절되어 먹일 것이 없어서 금송아지 죽었으니, 사랑스럽게 키우던 소의 주인이 마음을 붙일 곳 전혀 없어 소 임자마저 죽어 인人·우牛가 구망俱亡일세.

청정수행록
清淨修行錄

사람에게 세 가지 몸이 있으니 일왈 법신一曰法身이요, 이왈 업신二曰業身이요, 삼왈 육신三曰肉身이로다. 또 이르노라.

　법신法身은 곧 불신佛身이요, 업신業身은 곧 귀신이요, 육신은 곧 사람의 색신色身이로다.

　색신 가운데 업신과 법신이 구족具足하여 서로 여의지 않건마는, 중생의 업보가 중重하여 다못 업신이 구원겁久遠劫을 드나들며 사생 육취四生六趣의 육신으로 인하여 모든 악업惡業을 지을 때에 부처님이 설하신 오계를 믿지 아니하고 난행亂行을 하는 고로, 혹 인신人身을 받아 나더라도, 혹 눈으로 보지 못하거나, 혹 귀로 듣지 못하거나, 혹 코로 맡지 못하거나, 혹 혀를 놀리지 못하거나, 혹 목을 앓거나, 혹 팔을 못 쓰거나, 혹 가슴을 앓거나, 혹 내종을 앓거나, 혹 다리를 못 쓰거나, 혹 전신全身에 만신창이 돋거나, 혹 치질을 앓거나, 혹 몸에서 추한 냄새가 나거나, 혹 내외 금슬이 없거나, 혹 자식을 많이 낳아 기르지 못하거나, 혹 남녀 간 상부喪夫 상처喪妻를 당하거나, 혹 얼굴이 박색으로 타고나거나, 혹 단명보短命報를 받아 익사하거나, 혹 호랑이에게 물려 죽거나, 혹 독사에게 물려 죽거나, 혹 지네에게 물려 죽거나, 혹 높은 나무에서 떨어져 죽거나, 혹 물에 빠져 죽거나, 혹 불에 타서 죽거나, 혹 도적놈에게 죽거나, 혹 남의 참소讒訴(무고)에 죽거나, 이 같은 가지가지 모든 액사를 당하는 것이 도시都是(모두) 부처님의 오계를 믿지 아니하고 불법을 비방한 과보건만은 일체중생이 이 이치를 깨닫지 못하고 모든 업보를 날로 받으니 가히 슬프고 슬프도다!

오계라 하니 무엇이 오계인가? 살殺·도盜·음婬·망妄·주酒, 이 다섯 가지로다.

제1은 살생을 말지니라. 살생을 많이 하면 세세생생에 단명보短命報를 받으며, 내 손에 죽은 모든 무리들이 세세생생에 나를 쫓아다니며, 내 몸을 해롭게 하여 위와 같은 모든 액사를 당하게 되나니라.

제2는 도적질을 말지니라. 만약 사람이 도적질을 할진댄 복덕종자가 끊어져 세세생생에 박복빈천薄福貧賤한 사람이 되어 날지로다.

제3은 사음邪婬을 말지어다. 만약 사람이 사음을 행한즉 세세생생에 식신識身이 청정하지 못하고 남녀 간 씨앗을 많이 보아 마음 편안할 날이 없을지로다.

제4는 거짓말을 말지니라. 만약 사람이 거짓말을 할진댄 진실한 종자가 끊어져 모든 사람이 나의 말을 믿지 아니하여 헛된 사람이 되니 매사불성每事不成이 되나니라.

제5는 술을 먹지 말지니라. 만약 사람이 술을 마시면 지혜의 종자가 끊어져 성현의 어질고 착한 말씀은 즐겨 받아 듣지 아니하고, 외도 마구니의 삿된 말과 망령된 말과 탐진치와 간악奸惡 질투와 십악十惡[163]과 팔사八使[164]를 익혀 저 삼악도에 떨어져 길이 나올 시기가 없으리니, 어찌 불쌍하지 아니하리오.

사람에게 법신, 업신, 육신 세 가지 몸이 있다 하니 어떠한 것이 육신인고? 지수화풍 사대四大로다. 지地는 곧 살이요, 수水는 눈물·콧물·대소변이요, 화火는 따뜻한 기운이요, 풍風은 콧김·입김·동정動靜이니, 이 네 가지를 부모에게서 얻어 육신을 작作하였다가 명命이 다하여 임종하면, 지地는 땅으로 돌아가고, 수水는 물로 돌아가고, 화火는 불로 돌아가고, 풍風은 바람으로 돌아가 사대가 각각 흩어지니 허황하기 일장춘몽이요, 장마에 두엄버섯이니라.

어떠한 것이 업신인고? 안眼·이耳·비鼻·설舌·신身·의意 이여섯 가지 식심識心이로다. 눈으로 일체 만물을 보아 탐하여 모든 업을 지으며, 귀로 일체 소리를 들어 좋고 언짢은 소견을 내어 모든 업을 지으며, 코로 모든 냄새를 맡아 좋고 언짢은 소견을 내어 모든 업을 지으며, 혀로 모든 음식을 맛보아 좋고 언짢은 소견을 내어 모든 업을 지으며, 몸으로 춥고 더운 분별망상을 내어 모든 업을 지으며, 뜻으로 밉고 어여쁘고 좋고 나쁜 일체 망상을 내어

---

163 십악十惡 : 살생殺生, 투도偸盜, 사음邪淫, 망어妄語, 기어綺語, 악구惡口, 양설兩舌, 탐욕貪慾, 진에瞋恚, 우치愚痴. '우치愚痴' 대신 '사견邪見'으로 보기도 한다.

164 팔사八使 : 생生, 멸滅, 거去, 래來, 일一, 이異, 단斷, 상常.

모든 업을 지어 이 여섯 놈이 무량겁으로 드나들며 모든 업을 능히 짓기도 하며, 모든 업을 능히 받기도 하나니, 이러므로 이름을 업신이라 함이로다.

어떠한 것이 법신이런고? 일찍이 발심하여 선지식을 친견하여 다생죄업多生罪業을 참회하고 옛 성현의 친절언구親切言句 1,700개 화두 중에 자기에게 합당한 화두를 분명히 결택決擇하여 행주좌와行住坐臥·어묵동정語黙動靜 중에 모든 망상이 적적한 가운데 화두가 성성惺惺하여 들지 아니하되, 화두가 스스로 들림이 샘물 흘러가듯 간단間斷(끊어짐)이 없이 화두가 타성일편打成一片에 이르러 홀연히 망상 구름이 흩어지고 마음 달이 홀로 드러나 삼천 대천 세계를 비추어 그 밝은 빛이 하늘과 땅이 궤멸潰滅(무너져 없어짐)하여도 이 광명이 길이 멸하지 아니하며, 이것을 이름하되 불생불멸지도不生不滅之道라 하나니라. 이 같은 이치를 통달한 사람을 선지식이라 이름하며, 혹 도사導師라 이름하며, 혹 보살이라 이름하며, 혹 부처라 이름하나니, 천당天堂·불찰佛刹에 임의자재하여 천상에 가서 나면 천상 사람을 제도하며, 인간 세상에 나면 인간을 제도함에 이르므로 인천人天에 스승이 되며, 사생四生에 자비로운 부모가 되는 고로 이 사람의 이름이 조어장부調御丈夫·천인사天人師·불佛·세존世尊이로다.

무자 화두無字話頭 드는 법[165]

한 중이 조주趙州 스님께 묻되, "개도 도리어 불심佛心이 있나이까, 없나이까?" 하니 조주 스님은 "무無"라 하였으니, 조주는 무엇을 인하여 "무"라 일렀는고? 이 한 생각을 짓되 고양이가 쥐 생각하듯, 닭이 알을 품듯 앞 생각과 뒤 생각이 서로 끊어짐이 없이 샘물 흘러가듯 하여 가되, 아침 일찍 찬물에 얼굴 씻고 고요한 마음을 단정히 하고 앉아 화두를 들되, 개가 불심佛心이 있단 말인가, 없단 말인가? 있고 없는 것이 다 공空하여 참으로 없단 말인가?

이 같은 요별망상은 옛 사당의 찬 향로와 같이 고요하게 하고, 화두는 성성하게 하여 밝은 달이 허공에 뚜렷하게 드러난 것 같이 하여, 망상은 적적하고 화두는 성성惺惺하여 적적함이 달덩어리와 달 광명이 서로 어김없는 것 같이 화두를 지어 가되, 저녁때에는 잘 살펴보아 망상을 많이 피고 화두를 잘못 들었거든 자성自性을 불러 꾸짖되,

"주인공아! 내 말을 들어라! 네가 비롯함이 없음으로부터 금생

---

165   이 글은 만공 스님이 덕숭산 전월사轉月舍에서 직접 쓰신 글이다.

까지 이르러 공부를 등지고 날로 망상에 합하여 화택수고火宅受苦
를 면치 못하는 놈이 금생에도 이와 같이 혼침 산란과 해태 방일 속
에 빠져 허송세월을 하게 되니, 만약 오늘 밤이라도 눈빛이 땅에 떨
어지면 천당 갈지 지옥 갈지 아귀 될지 마복馬腹을 향할지 우복牛腹
을 향할지 모르거늘, 어찌 공부를 이와 같이 방향 없이 짓는고!"

크게 꾸짖고 수마睡魔를 이기지 못하여 잠을 자되 부처님이 삼
경三更 외에 잠을 허락하지 아니하였으니, 세 시간만 잠을 자고 일
어나서 또 찬물에 얼굴을 씻고 고요한 마음으로 앉아 생각하되, 요
행히 간밤을 살아왔으니 오늘은 결정코 공부를 담판 내어 뒷근심
이 없게 하리라, 하고 그 전날보다 더 지극한 마음으로 날마다 이
와 같이 공부를 지어 갈진댄, 어찌 10년, 20년을 허송세월하리오.

깨달음이란 어느 한정된 기간에서 성취하는 것이 아니고 그
지극한 마음에 따라서 고요한 밤, 밝은 달을 보고 도를 깨닫기도
하며, 새벽 종소리를 듣고 도를 깨닫기도 하며, 원촌遠村(먼 시골)의
닭 우는 소리를 듣고 도를 깨닫기도 하며, 원촌의 행상소리를 듣고
도를 깨닫기도 하며, 이웃집 아기 우는 소리를 듣고 도를 깨닫기도
하며, 선지식의 설법을 듣고 언하言下에서 도를 깨닫기도 하며, 좋
은 인연을 따라 머리 머리마다 도를 깨닫지 못할 곳이 없도다. 싱
그러운 광명이 하늘도 덮고 땅도 덮고 밤도 없고 낮도 없는 광명의
세계를 이룬다 하나, 월면月面의 아는 바는 그렇지 아니하여 터럭
만치도 밝음이 없고, 터럭만치도 어두울 것이 없으며, 혹 도를 깨
달음에 지혜가 명철하여 일체법을 하나도 모를 것이 없이 다 안다

하나, 월면의 아는 바는 그렇지 아니하여 지혜가 없어 가히 한 법도 앎이 없고, 가히 한 법도 모를 것이 없으며, 혹 도를 깨달음에 살고 죽는 것이 없다 하나, 월면의 아는 바는 그렇지 아니하여 혹 살기도 하고, 혹 죽기도 하여, 죽고 삶이 없고 있음이 없으며, 혹 도를 깨달음에 다시 보림保任하여 성품이 흰 연꽃 같아서 다시 물듦이 없다 하나, 월면의 아는 바는 그렇지 아니하여 배고픔이 오면 밥 생각이 간절하고, 졸음이 오면 자고 싶은 생각이 간절하여, 다시 물듦이 없고 있음이 없으며, 혹 도를 깨달음에 다시 닦고 닦아 증득한다 하나, 월면의 아는 바는 그렇지 아니하여 본래 잃어버린 것이 없어 다시 증득할 것이 없어, 산山과 산, 물과 물이 각기 완연完然한 소식을 뉘라서 변작變作할까.

만약 사람이 이 도리를 잘못 알면 지옥에 가기를 화살같이 할 것이요, 만약 이 도리를 명백하게 살펴 얻을진댄 모든 불조佛祖의 스승이 되어 만반 불사를 다스릴 제, 푸른 산 푸른 물을 향하여 불사佛事를 작作하며, 조각조각 흰 구름을 향하여 불사를 작하며, 고요한 밤 원숭이 울음을 향하여 불사를 작하며, 돌 장승 피리 부는 소리를 향하여 불사를 작하며, 무쇠 계집 아기 낳는 곳을 향하여 불사를 작하며, 해골 속 푸른 눈알을 향하여 불사를 작하며, 고목나무 속 용의 울음을 향하여 불사를 작하며, 오고 가는 것을 향하여 불사를 작하며, 술잔과 고깃점을 향하여 불사를 작하며, 앉고 눕는 것을 향하여 불사를 작하며, 고요하고 움직이는 것을 향하여 불사를 작하며, 밝은 머리가 오면 밝은 머리를 향하여 불사를 작하며, 어두운 머리가 오면 어두운 머리를 향하여 불사를 작하며, 푸른 머리가 오면 푸른 머리를 향하여 불사를 작하며, 노란 머리가 오면 노란 머리를 향하여 불사를 작하며, 붉은 머리가 오면 붉은 머리를 향하여 불사를 작하며, 흰 머리가 오면 흰 머리를 향하여 불사를 작하며, 모진 머리가 오면 모진 머리를 향하여 불사를 작하며, 둥근 머리가 오면 둥근 머리를 향하여 불사를 작하며, 긴 머리가 오면 긴 머리를 향하여 불사를 작하며, 짧은 머리가 오면 짧은 머리를 향하여 불사를 작하며, 착한 머리가 오면 착한 머리를 향하여 불사를 작하며, 악한 머리가 오면 악한 머리를 향하여 불사를 작하며, 옳은 머리가 오면 옳은 머리를 향하여 불사를 작하며, 그른 머리가 오면 그른 머리를 향하여 불사를 작하며, 삼라만상參羅萬像의 정여무정情與無情에 물건 물건 머리 머리를 향하여 불사를 작하니, 이 무슨 도리인고?

明明百草頭	밝고 밝은 온갖 풀 끝마다
명 명 백 초 두	
明明祖師意	밝고 밝은 조사의 뜻이로다
명 명 조 사 의	

법훈

法訓

나를 찾아야 할 필요와 나

1   사람이 만물 가운데 가장 귀하다는 뜻은 나를 찾아 얻는 데 있나니라.

2   나라는 의의가 절대 자유로운 데 있는 것으로, 모든 것은 내 마음대로 자재自在할 수 있어야 할 것임에도 불구하고 우리 인간은 어느 때, 어느 곳에도 자유가 없고 무엇 하나 임의任意로 되지 않는 것은, 망아妄我가 주인이 되고 진아眞我가 종이 되어 살아 나가는 까닭이니라.

3   망아妄我는 진아眞我의 소생所生인데, 현재 우리가 쓰고 있는 마음은 곧 사심邪心이요, 진아眞我는 정심正心으로, 시종始終도 없고 존망存亡도 없고 형상도 없지만 오히려 조금도 부족함이 없는 '나'이니라.

4   사람이 '나'를 잊어버린 바에야 육축六畜¹⁶⁶으로 동류同類되는 인간이라 아니할 수 없나니, 짐승이 본능적으로 식색食色¹⁶⁷에

---

166   육축六畜 : 집에서 기르는 여섯 가지 가축으로, 소·말·돼지·양·닭·개이다.
167   식색食色 : 식욕食慾과 색욕色慾.

만 팔려서 허둥거리는 것이나, 제 진면목眞面目이 무엇인지도 모르고 현실에만 끌려서 헤매는 것이나, 무엇이 다를 것인가? 세상에서 아무리 위대하다는 인물이라고 하더라도 자기면목自己面目을 모른다면 사생 육취四生六趣[168]에 윤회하는 한 분자分子에 지나지 아니하나니라.

5 동업중생同業衆生이 사는 이 사바세계娑婆世界에는 너와 내가 다 같은 생활을 하기 때문에 사람 사는 것이 그저 그렇거니 하고 무심히 살며, 자기들 앞에 가로놓인 무서운 일을 예측하지 못하고 그럭저럭 살다가 죽음이 닥치면 전로前路(앞길)가 망망하게 되나니라.

6 나라고 하는 것은 "아무개야!" 하고 부르면 "네!" 하고 대답하는 바로 그것인데, 그것은 생사生死도 없고, 불에 타거나 물에 젖거나, 칼에 상하는 것이 아니어서 일체 얽매임을 떠난 독립적인 '나'이다.

7 인생은 말 꼬리에 매달려 울며 뒹굴려 가는 죄수처럼 업業의 사슬에 끌려 생로병사生老病死의 고苦의 길을 영겁永劫으로 순력巡歷하고 있는데, 그 쇠사슬은 자기의 지혜 칼이라야 능히 끊어 버릴 수 있게 되나니라.

8 사회에서 뛰어난 학식과 인격으로 존경받는 아무러한 사람이

---

168 사생 육취四生六趣 : 사생은 태생胎生·난생卵生·습생濕生·화생化生이고, 육취는 지옥·아귀·축생·아수라·인간·천상계이다.

라도 이 일(나를 찾는 일)을 알지 못하면 기실 사람의 정신은 잃어버린 인간이니라.

9 석가세존이 탄생 시에 산석産席에서 한 손으로 하늘을 가리키고 또 한 손으로 땅을 가리키며 "천상천하天上天下에 유아독존唯我獨尊"이라 하신 그 '아我'도 '나'를 가리킨 것이니라.

10 각자가 다 부처가 될 성품을 지니었건만, 내가 나를 알지 못하기 때문에 부처를 이루지 못하나니라.

11 일체가 다 '나(부처)'이기 때문에 극히 작은 하나의 털끝만 한 정력精力이라도 나를 찾는 이외의 어떤 다른 것에 소모하는 것은 나의 손실이니라.

12 누구든지 육신肉身·업신業身·법신法身 세 몸을 지녔는데, 세 몸이 일체가 되어 하나로 쓰는 때라야 올바른 사람이 되는 것이니라.

13 일체 행동은 법신이 하는 것이나, 육신과 업신을 떠난 법신이 아닌 까닭에 현상 그대로가 곧 생사生死 없는 자리이니라.

14 생사 없는 그 자리는 유정물有情物이나 무정물無情物이 다 지녔기 때문에 한 가닥 풀의 정精이라도 전우주全宇宙의 무장武裝으로도 해체시킬 수 없나니라.

15 세상에는 나를 알아보느니 찾아보느니 하는 말과 문구文句는 있으나 업식으로 아는 나를 생각할 뿐이요, 정말 나는 어떤 것인지 상상조차 하지 못하나니라.

16 나는 무한극수적無限極數的 수명을 가진 것으로, 죽을래야 죽

을 수 없는 금강불괴신金剛不壞身[169]이라, 이 육체의 생사는 나의 옷을 바꾸어 입는 것일 뿐, 인간이라면 자신이 소유한 생사의 옷쯤은 자유자재로 벗고 입을 줄 알아야 되나니라.

17 보고 들어서 얻는 지식으로서는 얻을 수 없는 것이니라. 나라는 생각만 해도 그것은 벌써 내가 아니니라.

18 나는 무념처無念處[170]에서 찾을 수 있는 것이니, 그것은 무념처에 일체유一切有가 갖추어져 있기 때문이다.

19 부처를 대상으로 하여 구경究竟[171]에 이르면 내가 곧 부처인 것이 발견되나니, 결국 내가 나 안에서 나를 발견해야 하나니라.

---

169 금강불괴신金剛不壞身 : 금강처럼 단단하여 부서지지 않는 몸이라는 뜻으로, '불신佛身'을 이르는 말.

170 무념처無念處 : 무아無我의 경지에 이르러 아무런 망념이 없는 곳.

171 구경究竟 : 사리事理의 마지막. 일의 귀착.

나를 찾는 법_참선법

1 세상에는 나를 찾는 법을 가르쳐 주는 선생도 없고, 장소도 없고, 다만 불교 안에 있는 선방에서만 나를 찾는 유일한 정로正路를 가르쳐 주나니라.

2 수도修道(참선)한다는 것은 각자가 자기 정신을 수습해 가는 그 공부를 한다는 말인데, 누구에게나 다 시급한 일이 아닐 수 없나니라.

3 세상의 학문은 당시 그 몸의 망상에서 일시의 이용으로 끝나고 말지만, 참선학參禪學은 세세생생에 어느 때, 어느 곳, 어느 몸으로, 어느 생활을 하든지 구애됨이 없이 활용되는 학문이니라.

4 선방禪房만 선방이 아니라 참선하는 사람은 각각 자기 육체가 곧 선방이라, 선방에 상주하는 것이 행주좌와行住坐臥·어묵동정語默動靜에 간단間斷(끊어짐)이 없이 정진할 수 있나니라.

5 참선은 절대로 혼자는 하지 못하는 것이니, 반드시 선지식을 여의지 말아야 하나니, 선지식은 인생 문제를 비롯하여 일체 문제에 걸림이 없이 바르게 가르쳐 주나니라.

만공법어 •

6 선지식을 만나 법문 한마디 얻어듣기란 천만겁에 만나기 어려운 일이니, 법문 한마디를 옳게 알아듣는다면 참선할 것 없이 곧 나를 깨달을 수 있나니라.

7 법문 들을 때는 엷은 얼음 밟듯 정신을 모아 간절한 마음으로 들어야 하나니라.

8 선지식은 선생이니 박사니 하는 막연한 이름뿐이 아니라 일체 이치에 요달了達된 사람으로 불조佛祖[172]의 혜명慧命[173]을 상속받은 분이니라.

9 이理와 사事는 같은 원圓이라 어느 각도에서 출발하든지 쉬지 않고 걸어가면 그 목적이 이루어질 수 있기는 하지만, 나를 발견[自覺]하기까지는 선지식의 가르침이 없이는 될 수 없나니라.

10 선지식의 법문을 듣고도 흘려 버리고 신행이 없으면 법문을 다시 듣지 못하는 과보를 얻나니라.

11 선지식을 믿는 그 정도에 따라 자신의 공부가 성취되나니라.

12 장맛이 짠 줄을 아는 사람은 다 공부할 수 있나니라.

13 공부가 잘되지 않는 것은 전생에 놀고 지낸 탓이니, 그 빚을 어서 갚아야 수입이 있게 되나니라.

14 남음 없는 신심만 있으면 도道의 기반은 이미 튼튼해진 것이

---

172 불조佛祖 : 부처님과 조사祖師.
173 혜명慧命 : 불법의 명맥. 지혜를 생명에 비유하여 이르는 말. 부처님의 정법正法.

니라.

15 신심信心 · 분심憤心 · 의심疑心 세 마음을 합하여야 공부를 성
   취할 수 있나니라.

16 신심만 철저하면 나의 정기正氣에 대상을 곧 정당화시켜서 자
   율적 성취가 있게 되나니라.

17 법문을 듣고도 신심이 동動하지 않는 인간이라면 내세에는 다
   시 인간의 몸을 받기가 어려우니라.

18 공부하는 사람이 제일 주의해야 할 것은 먼저 나를 가르쳐 줄
   선지식을 택하여야 하고, 나도 완성한 후에 남을 지도할 생각
   을 해야 하나니라.

19 명안종사明眼宗師의 인가도 없이 자칭 선지식으로 남을 가르
   치는 죄가 가장 크니라.

20 이 법은 언어가 끊어지고 심행처心行處[174]가 멸滅한 곳에서 발
   견되는 도리라 다만 마음과 마음이 서로 응답하여 상속하는 법
   으로, 선지식의 직접 가르침이 아니면 배울 수 없는 도리니라.

21 공부는 발심發心[175] 본위라 별로 제한받을 것은 없으나, 학령學
   齡으로는 20세로부터 30세까지가 적령適齡이니라.

22 참선법은 평범한 연구나 공부가 아니요, 대對가 끊어진 참구
   법參究法 곧 터럭 끝 하나 얼씬거리지 못하는 경지에 이르러야

---

174   심행처心行處 : 마음이 행하는 곳. 마음의 작용.
175   발심發心 : 불도를 깨닫고 중생을 제도하려는 마음을 일으키는 일.

하나니라.

23 백년의 연구가 일 분간의 무념처無念處에서 얻은 한낱 이것만 같지 못하다.

24 일체중생은 날 때부터 이성異性의 감응으로 말미암아 세세생 생에 익히는 것이 음양법陰陽法이니, 정신 모으는 데는 이성적 장애가 제일 힘이 센 것이니 공부하는 사람은 이성을 가장 멀리해야 하나니라.

25 일체 생각을 쉬고 일념一念에 들되, 일념이라는 생각조차 잊 어버린 무념처에서 한 걸음 더 나아가야 나를 발견하나니라.

26 소아적小我的 나는 소멸되어야 하기 때문에 공부의 성취를 하 기 전에는 썩은 그루터기 같이 되어 추호도 돌아보지 않을 만 큼 나의 존재를 없애야 하나니라.

27 나를 완성시키는 데는 삼대三大 조건이 구비되어야 하는데, 그것은 도량道場·도사道師·도반道伴이니라.

28 도道를 지키는 사람은 도절道節을 지켜야 하는 것이니, 도는 하나이다. 도를 가르치는 방법은 조금씩 다르기 때문에 도절 을 지키지 않으면 정신적으로, 시간적으로 손실을 보게 되느 니라.

29 짚신 한 켤레를 삼는 데도 선생이 있고, 이름 있는 버섯 한 송 이도 나는 땅이 있는데, 일체 만물을 총섭摠攝하는 도道를 알 려는 사람이 도인의 가르침 없이 어찌 도인이 될 수 있으며, 천하정기天下正氣를 다 모아 차지한 도인이 나는 땅이 어찌 특

별히 있지 않을 것인가. 그리고 도반의 감화력은 선생의 가르
침보다도 강한 것이니라.

30 참선을 하여 인생 문제만 해결되면 억생 억겁億生億劫 지은 갖
은 악惡, 갖은 죄가 다 소멸되나니, 그때는 사생 육취에 헤매는
고생을 다시는 받지 않게 되나니라.

31 수도修道 중에는 사람 노릇할 것은 아주 단념해 버리고 귀먹
고 눈먼 병신이 되어 일체 다른 일에 간섭이 없게 되면 대아大
我는 저절로 이루어지나니라.

32 참선법은 상래上來로 있는 것이지만, 중간에 선지식들이 화두
드는 법으로 참선하는 법을 가르치기 시작하여 그 후로 무수
도인無數道人이 출현하였나니, 화두는 1천7백 공안公案[176]이나
있는데, 내가 처음 들던 화두는 곧 "만법이 귀일歸一이라 하니
일一은 어디로 돌아갔는고?"를 의심하였는데, 이 화두는 이중
적 의심이라 처음 배우는 사람은 "만법이 하나로 돌아갔다고
하니, 하나는 무엇인고?" 하는 화두를 들게 하는 것이 가장 좋
으리라. 하나는 무엇인고? 의심하여 가되, 의심한다는 생각까
지 끊어진 적적寂寂하고 성성惺惺한 무념처에 들어가야 '나'를
볼 수 있게 되나니라.

33 하나라는 것은 있는 것도 아니요, 없는 것도 아니요, 정신 영
혼도 아니요, 마음도 아니니, 하나라는 것은 과연 무엇인고?

---

176   공안公案 : 선종에서 조사祖師가 수행자를 인도하기 위하여 제시하는 과제.

의심을 지어 가되 고양이가 쥐를 노릴 때에 일념에 들 듯, 물이 흘러갈 때에 간단間斷(끊어짐)이 없듯, 의심을 간절히 하여 가면 반드시 하나를 알게 되나니라.

34 참선한다고 하면서 조금이라도 다른 데 미련이 남아 있거나, 인간으로서의 자랑거리인 학문이나 기이한 재주 등 무엇이라도 남은 미련이 있다면 참선하기는 어려운 사람인 것이니, 아주 백지로 돌아가야 하나니라.

35 크게 나의 구속拘束에 단련을 치른다면 그 대가로 큰 나의 자유를 얻게 되나니라.

36 예전에는 선지식의 일언지하一言之下에 돈망생사頓忘生死하는 이도 있고, 늦어야 3일, 7일에 견성見性[177]한 이도 많다는데, 지금 사람들은 근기도 박약薄弱하지만 참선을 부업副業으로 해 가기 때문에 20년, 30년 공부한 사람이 불법佛法의 대의大義를 모르는 이가 거의 전부니라.

37 밥을 자기가 먹어야 배부른 것과 같이 참선도 제가 하지 않으면 부처님도 선지식도 제도해 주지 못하나니라.

38 참선하려면 먼저 육국六國[178] 전란戰亂을 평정平定시켜 마음이 안정되어야 비로소 공부할 준비가 된 것이니라.

---

177 견성見性 : 모든 망혹妄惑을 버리고 자기의 심성心性을 사무쳐 알고, 모든 법의 실상인 당체當體와 일치하는 정각正覺을 이루는 것을 말한다.

178 육국六國 : 안眼 · 이耳 · 비鼻 · 설舌 · 신身 · 의意.

39 가장 자유롭고 제일 간편한 공부이기 때문에 이 공부를 할 줄 아는 사람은 염라국閻羅國 차사差使의 눈도 피할 수 있나니라.

40 한 생각이 일어날 때 일체가 생기고, 한 생각이 멸할 때 일체가 멸하나니라. 내 한 생각의 기멸起滅이 곧 우주의 건괴建壞요, 인생의 생사니라.

41 말이 입에서 나오기 전에 그르쳤다 함은 물질 이전의 마음을 지적한 것이니라.

42 공부가 잘된다고 느낄 때 공부와는 벌써 어긋난 것이니라.

43 꿈속에서 공부해 가는 것을 증험證驗하여 선생으로 삼을 것이니라.

44 꿈도 없이 생시도 없이 잠이 푹 들었을 때에 안신입명처安身立命處를 어디에 두는지 알아야 하느니라.

45 꿈이라 하는 것은 업신業身(영혼)의 동작인데, 깨어 있을 때는 생각만으로 헤매다가 잘 때 업신이 제 몸을 나투어 가지고 육신이 하던 행동을 짓는 것이니라.

46 꿈과 생시[夢覺]가 일여一如하게 공부를 해 나아갈 수 있어야 하나니라.

47 산 몸이 불에 탈 때에도 정상적 정신을 가질 수 있겠나? 헤아려서 미치지 못한다면 사선死線을 넘을 때 자기 전로前路가 막막하게 될 것을 알아야 하나니라.

48 공부인이 공부를 아니하는 공부를 하여야 하는데, 공부 아니하기가 하기보다 더욱 어려우니라.

49 공부를 잘하고 못하는 문제보다도 이 공부밖에 할 일이 없다는 결정적 신심信心부터 세워야 하나니라.

50 오전悟前이나 오후悟後나 한 번씩 죽을 고비를 넘겨야 하나니라.

51 참선은 모든 업장業障[179]과 습기習氣를 녹이는 도가니[甕]니라.

52 사람을 대할 때에는 자비심으로 대하여야 하지만, 공부를 위하여서는 극악극독심極惡極毒心이 아니면 팔만사천 번뇌마煩惱魔[180]를 쳐부수지 못하나니라.

53 사형이 집행될 시간 직전에도 오히려 여념餘念이 있을지 모르지만, 정진 중에는 털끝만 한 어른거림이라도 섞여서는 아니 되나니라.

54 공부하는 데는 망상보다도 수마睡魔가 두려운 것이니, 수마를 먼저 조복시켜야 하나니라.

55 인신人身을 얻기가 극히 어려운 일이니 사람 몸 가졌을 이때를 놓치지 말고 공부에 힘쓰라. 사람 몸 한 번 놓치게 되면 또 다시 만나기 어려울 것이니라.

56 공부에 득력得力을 못 하였을 때 안광낙지眼光落地(죽음)하게 되면 인업人業만 남아 짐승도 미남美男, 미녀美女로 보여서 그

---

179 업장業障 : 전생에 지은 허물로 인하여 이승에서 받는 마장魔障.

180 번뇌마煩惱魔 : 중생을 괴롭히는 사마四魔의 하나로, 사마는 번뇌마煩惱魔·음마陰魔·사마死魔·천마天魔이다. 탐진치 등의 번뇌가 번뇌마, 오온五蘊의 화합으로 되어 있는 육체가 음마, 사람의 수명을 빼앗는 죽음이 사마, 욕계欲界의 제6천天의 마왕이 인간의 심신을 혼란시키는 것이 타화자재천마他化自在天魔이다.

뱃속에 들기 쉬우니라.

57 참선하는 사람의 시간은 지극히 귀중한 것이라 촌음寸陰을 허비하지 말아야 하느니라.

58 변소에 앉아 있는 동안처럼 자유롭고 한가한 시간이 없나니, 그때만이라도 일념에 든다면 견성할 수 있나니라.

59 공부가 늦어지는 까닭은 시간 여유가 있거니 하고 항상 미루는 마음이 있기 때문이니라. 자고 나면 오늘은 죽지 않고 살았으니, 살아 있는 오늘에 공부를 마쳐야 하지, 내일을 어찌 믿으랴! 하고 매일매일 스스로 격려해 가야 하나니라.

60 밤 자리에 누울 때 하루 동안의 공부를 점검하여 망상과 졸음으로 정진 시간보다 많이 하였거든 다시 큰 용기를 내어 정진하되, 매일매일 한결같이 할 것이니라.

61 공부하다가 졸리거나 망상이 나거든 생사生死 대사大事에 자유롭지 못한 자신의 전정前程을 다시 살펴본다면 정신이 저절로 새로워질 것이니라.

62 사선死線을 넘을 때 털끝만큼이라도 사심私心의 여유가 있다면 참선하는 기억조차 사라져 없어지느니라.

63 생사윤회의 생활을 면하려고 출가한 중이니만큼 참선법을 여의고 하는 일은 모두가 생사법生死法을 익히는 것이니라.

64 도道라는 것이 따로 있는 줄 알고 구하는 마음으로 참선한다면 외도에 떨어지게 되나니라.

65 설사 도인이 온갖 신통과 변화를 부리고 죽을 때에도 불가사

의한 이적異蹟을 보일지라도 이는 상법相法이니, 이런 상법이
란 하나도 가히 취할 바는 아니니라.

66 믿음은 부처를 찾아 오르는 발판이기 때문에 몰아적沒我的 믿
음의 발판을 딛고 부처를 넘어 각자의 자기 정체를 찾아야 하
나니라.

67 선학자禪學者는 선학자의 행위를 엄숙히 가져서 입을 열지 않
고서라도 남을 가르치게 되어야 하나니라.

68 공부의 과정에는 지무생사知無生死[181] · 계무생사契無生死[182] ·
체무생사體無生死[183] · 용무생사用無生死[184]의 네 가지 단계
가 있는데, 용무생사用無生死에 이르러야 비로소 이무애理無
碍[185] · 사무애事無碍[186]하게 되는 대자유인이 되나니라.

69 공부할 때에 짐짓 알려는 생각을 말고 정진력만 얻으면 공부
는 저절로 성취되나니라.

70 공부가 완성되기 전에 미리 알았다는 생각을 가지고 정진을
게을리하다가는 불법 인연마저 떨어지기 쉬우니라.

---

181 지무생사知無生死 : 생사 없음을 아는 것.

182 계무생사契無生死 : 생사 없는 경지에 계합하는 것.

183 체무생사體無生死 : 생사 없는 경지를 체달하는 것.

184 용무생사用無生死 : 생사 없는 경지를 내 마음대로 수용하는 것.

185 이무애理無碍 : 이치에 걸림이 없는 지무생사知無生死 · 계무생사契無生死의
경지.

186 사무애事無碍 : 현상의 일에 걸림이 없는 체무생사體無生死 · 용무생사用無生
死의 경지.

71 물체에 의존하지 아니하는 정신은 한 모양도 없는 자리에서 일체 행동으로 능히 현실화할 수 있나니라.

72 정신은 물질의 창조자이지만 물질이 아니면 정신의 존재와 효과가 나타나지 못하나니라.

73 물질은 각자 그 이름에 따르는 한 가지 책임을 할 뿐인데, 정신은 이름도 형상도 없지만 만유萬有의 근본(바탕)이라 어디서 무슨 일에나 절대 능력자이니, 이 정신은 누구나 다 지니고 있다. 이 정신만 도로 찾으면 만능인萬能人이 되나니라.

74 정신이라는 전당殿堂 안에는 생사生死와 선악善惡이라는 두 배우가 순번으로 삼라만상이란 배경 앞에서 희비극을 무한한 형태로 연출하고 있나니라.

75 아무리 문명이 발달한 나라라 하더라도 도인이 없으면 빈 나라요, 아무리 빈약한 나라라 하더라도 도인이 한 사람이라도 있으면 그 나라는 비지 않은 나라이니라.

76 도인은 도인이라는 대명사에 지나지 않는 도인이 되어서는 안 된다. 명상名相이 생기기 이전 소식을 증득하여 도인이라는 우상도 여의고 계戒니 수행이니 하는 구속에서 벗어나 완전 독립적 인간이 되어 육도六道에 순력巡歷하면서 고苦를 면하게 되나니라.

현세인생現世人生에 대하여

1   인간의 일생은 짧은 한 막의 연극에 지나지 않는데, 이 연극의
한 장면이 종막이 되면 희로애락喜怒哀樂을 연출하던 그 의식
은 그만 자취 없이 사라져 버리고 육체는 부글부글 썩어 버리
니, 이 얼마나 허망한 일인가? 이 허망하기 짝이 없는 그동안
인들 일분一分의 자유가 있었던가? 밥을 먹다가도 불의不意의
죽음이 닥치면 씹던 밥도 못 삼키고 죽어야 하고, 집을 아무리
많은 돈을 들여 찬란하게 짓다가도 느닷없이 화재라도 만나
면 방 안에 한 번 앉아 보지도 못하고 허망하게 되지 않는가?
직접 내 자신의 일에도 이렇게 늘 자유를 잃어버리는데, 인생
의 집단인 사회와 국가를 세운다는 일이 얼마나 서글픈 일인
가? 자유의 바탕을 얻어야 근본적 자유를 얻게 될 것이 아닌
가? 자유가 어디에서 얻어지는지도 모르는 인간들이 자유를
부르짖는 것은 쌀도 없이 밥을 지어 배부르게 먹는 이야기만
으로 떠드는 셈이니라.

2   인생은 자기 업신의 반영인 이 몽환세계夢幻世界를 실상實相
으로 알고 울고 웃고 하는 것은 마치 은행나무가 물에 비치는

제 그림자를 이성異性으로 감응하여 열매를 맺는 것과 같으니라.

3 인간이 산다는 것은 생生의 연속이 아니라 생멸生滅의 연속으로, 인간이 죽는 순간도 죽기 전후 생활도 다 잊어버리고 입태入胎·출태出胎[187]의 고苦도 기억하지 못하고 다만 현실적 육식六識[188]으로 판단할 수 있는 이 생활만 느끼고 사는데, 천당에 갔다가 지옥에 갔다가 사람이 되었다가 짐승으로 떨어졌다가 하는 그러한 생生이 금세 지나가고 또 한 생이 금세 닥쳐오는 것이 마치 활동 사진의 영상影像이 연속해 교환 이동되어 빠른 찰나에 다른 장면으로 나타나는 것과 같으니라.

4 인생은 과거를 부를 수도 없고, 미래를 보증할 수도 없는 것이다. 현재가 현재이기 때문에 현재를 완전히 파악하게 되어야 과거, 현재, 미래의 생활을 일단화一單化한 독립적 생활을 할 수 있나니라.

5 인생은 과거에 사는 것도 아니요, 미래에 사는 것도 아니요, 다만 현재에만 살고 있는데, 현재란 잠시도 머무름이 없이 과거에서 미래로 이동하는 순간이니, 그 순간에 느끼는 불안정한 삶을 어찌 실實답다 할 수 있으랴! 과거와 현재가 합치된

---

187 입태入胎·출태出胎 : 입태는 어머니의 뱃속에 잉태되는 것을 말하고, 출태는 세상에 태어남을 말함.

188 육식六識 : 육근에 의하여 대상을 지각하는 여섯 가지 작용. 곧 안식眼識·이식耳識·비식鼻識·설식舌識·신식身識·의식意識이다.

현실이 있나니, 현재는 과거의 후신後身이요, 미래의 전신前身으로 과거, 현재, 미래가 하나이기 때문이다.

6 우리가 사는 세계를 중심으로 하여 위로 상상할 수 없는 최고 문화 세계가 헤아릴 수 없이 벌어져 있고, 아래로 저열극악低劣極惡한 그 양과 수를 헤아릴 수 없는 지옥의 세계가 다 함께 몽환세계夢幻世界[189]인 것이니, 과연 어떤 것이 실세계實世界인가? 그것을 알아 얻는 것이 곧 진아세계眞我世界를 체달體達[190]하게 되는 것이니라.

7 나의 현재 생활이 일체 세계라 현재 생활에서 자족自足을 못 얻으면 다시 얻을 도리가 없나니라.

8 인간들은 모두 자기에게는 좋은 것이 와야 할 희망을 갖고 생生을 이어 가지만 좋은 것을 취하는 것이 곧 언짢은 것을 얻는 원인인 줄을 알지 못하나니라.

9 인간 생활의 주체가 되는 생로병사生老病死와 희로애락喜怒哀樂까지도 다생多生으로 익혀 온 망령된 습관의 취집聚集이요, 결과임을 확실히 깨달아야 생사를 벗어나게 되나니라.

10 이 우주에는 무한극수적 이류중생異類衆生이 꽉 차서 각각 자기 습성에 맞는 생활권을 건립하고 있지만, 우리 육식六識은 다생多生의 습기習氣로 점점 고정화하여 우리 사바세계의 인

---

189   몽환세계夢幻世界 : 꿈과 환상처럼 덧없는 세계.
190   체달體達 : 사물의 진상을 몸소 통달하다.

간으로는 어느 한도를 넘어서는 도저히 볼 수 없고 느낄 수도 없나니, 천인天人이니 지옥地獄이니 신神이니 귀鬼니 하는 것도 결국 우리 육식으로는 판단할 수도 없는 이류중생의 명상名相이니라.

11 습관은 천성天性이라 천재니 소질이니 하는 것도 다생多生으로 많이 익혀서 고정화하여 이루어진 것인데, 이것이 바로 업業이라는 것이다.

12 물체는 결합, 해소의 이중 작용을 하기 때문에 영겁永劫을 두고 우주는 건괴建壞되고 인생은 생사를 반복하고 있나니라.

13 중생이라 하는 것은 한 개체에 국한된 소아적小我的인 생활을 하는 사람·짐승·벌레 등으로 일체 자유를 잃어버리게 되어 다만 업풍業風[191]에 불려서 사생 육취四生六趣에 헤매게 되는 것이요, 불佛(완인完人)이라 하는 것은 일체 우주를 자신화自身化하여 일체중생이 다 내 한 몸이요, 삼천 대천세계가 다 내 한 집이라, 어느 집이나 어느 몸이나 취하고 버리는 것을 내 임의任意로 하나니라.

14 완인完人은 만유萬有를 자체화自體化하였기 때문에 만유의 형상을 임의로 지으며 만유의 도리를 자유로 쓰게 되나니라.

15 천당은 갈 곳이요, 지옥은 못 갈 곳이라면 우주가 내 한 몸이요, 천당과 지옥이 내 한 집인데, 중생은 한 세계를 두 세계로

---

191 업풍業風 : 선·악업의 과보로 받는 것을 바람에 비유한 말이다.

만공법어 •

갈라놓고, 한 몸을 분신分身시켜 천당·지옥으로 나누어 보내는데, 이것은 중생의 업연으로 됨이니라.

16 인격이 환경에 휘둘리는 사람은 영원한 평안을 얻을 길이 없나니라.

17 세상 사람들은 똥과 피의 주머니로 몸을 삼아 춥고 덥고 목마르고 배고픈 것만 귀중히 여기기 때문에 길이 윤회의 고취苦趣를 면치 못하나니라.

18 우리가 느끼는 안이비설신의眼耳鼻舌身意의 육식六識은 장소에 따라 변하고 때에 따라 흩어지나니, 이렇게 시시각각으로 천류遷流하는 육식으로 어찌 인생의 근본정신을 파악할 수 있겠는가?

19 세인世人들의 아무리 진보된 이론이나 심원한 학설이라 할지라도 그것으로는 인생 문제를 도저히 해결할 수 없는 것이니, 이는 명상名相에 집착되었기 때문이니라.

20 이론으로는 해결할 수 없는 것을 명확하게 깨우쳐 주는 이론이라면, 그 이론은 곧 도道의 입문으로 인도하는 대도사大導師가 되는 것이니라.

21 형이상학이나 유심론을 말하는 자는 스스로 물질적 영역을 벗어나지 못한 것을 모르나니라.

22 세상에는 바른말 하는 사람도 없는 동시에 그른 말을 하는 사람도 있지 않은 것이니라.

23 신神은 아무리 신통자재한 최고신으로 인류화복人類禍福을 주

재主宰한다 하더라도 육체를 갖추지 못한 사邪이니라.

24 신의 존재를 부인하는 사람은 무지無知를 면치 못하고, 신을 신앙의 대상으로 삼는 사람은 어리석음을 면치 못하나니라.

25 현대 과학이 아무리 만능을 자랑하지만 자타를 위하여 순용順用되지 않고 역용逆用되는 이상, 그것은 인류에게 실리實利를 주는 것보다 해독을 더 많이 주는 것이니, 다만 세계가 자타의 아상我相[192]이 없는 생활로 물질과 정신의 합치인 참된 과학시대가 와야 전全 인류는 합리적인 제도하에서 안정된 생활을 하게 될 것이니, 인간의 근본을 밝히는 정신문명이 사람마다 마음속에 건설하여야 잘 살 수 있는 진정한 평화가 되나니라.

26 물질과학의 힘으로써는 자연의 일부는 정복할지언정 자연의 전체를 정복할 수 없는 것이요, 설사 다 정복한다 하더라도 그것은 다생에 익혀 온 습성을 어느 정도까지 만족시키는 데 지나지 않을 뿐으로 정말 습성 자체는 정복하지 못한 것이니, 그 습성 자체를 정복하고 그 근본에 체달한 후라야 비로소 자연과 습성을 모두 자가용으로 삼게 될 것이니라.

27 물질과 정신이 합치된 과학자는 영원의 만능을 발휘할 수 있나니라.

28 현대 사람은 자만심을 본위로 한 신경만 예민하여, 자기가 이해할 수 없는 법문을 들을 때에 신중히 생각하지도 아니하고

---

192   아상我相 : 망아忘我에 대한 집착.

부인할 아무 근거도 없이 무조건 반박해 버리는 것으로 쾌사快事를 삼는 일이 많으니, 그것은 암흑의 길을 자취自取하는 것이니라.

29 아집은 배타적 정신이라 남이 곧 나라는 것을 알지 못하는 까닭에 나를 점점 더 축소시키는 무지無知이니라.

30 중생들은 잘하고 착해야 될 줄을 알면서도 잘하고 착하게 하는 사람, 곧 나를 찾는 공부는 할 생각을 못 하나니라.

31 중생들은 인간이 만물 가운데 가장 귀貴한 것이 사색하는 데 있다고 하면서 사색하는 그 자체를 알아볼 생각은 하지 못하나니라.

32 중생들은 자기 자신이 무엇인지도 까맣게 모르면서 학자인 양, 종교가인 양하여 제법 인생 문제를 논하는 것은 생명을 잘라 놓고 생명을 살리려는 것과 다를 바 없나니라.

33 이론이 끊어지고 학론學論이 다한 곳에서도 한 걸음 더 나아가야 나를 발견하는데, 내가 나를 찾기 전에는 인생 문제의 해결은 결코 불가능하나니라.

34 인생 문제를 해결한다는 것은 인연이나 희망이 아니요, 진아眞我를 체달하여 이사理事에 임의로 처리하게 되어야 하나니라.

35 중생들은 알 줄만 알고 모를 줄은 모르나니라.

36 알지 못함을 알면 철저히 아는 것이니, 정말 아는 법은 알지 못할 줄을 능히 알 때에 비로소 진아眞我를 체달하나니라.

37 지구라는 한 모태에서 같이 출생한 동포가 서로 총칼을 겨누

게 되니, 어느 형을 찌르려고 칼을 갈며, 어느 아우를 죽이려
고 총을 만드는지 비참한 일이니라.

불법
佛法

1   불법佛法이라고 할 때, 벌써 불법은 아니니라.

2   일체의 것이 그대로 불법인지라 불법이라고 따로 내세울 때에 벌써 잃어버리는 말이니라.

3   물질은 쓰는 것이요, 정신은 바탕인데, 물질과 정신의 일단화一單化를 불법이라 하나니라. 불법에 완전을 이루지 못하면 인생의 영원한 전정前程을 보증할 길이 없나니라.

4   불법은 어느 시대, 어떤 인간의 호흡에도 맞는 것이니라.

5   불법을 듣고 생명의 중심이 움직이지 않는다면 인간의 생명을 잃어버린 사람이니라.

6   불佛은 마음이요, 법法은 물질인데, 불법이라는 명상名相이 생기기 전에, 부처가 출현하기 전에, 나는 이미 존재한 것이니라. 질그릇 같은 나를 버리면 칠보七寶의 그릇인 법신을 얻나니라.

7   입이 말을 하는 것이 아니요, 손이 일을 하는 것이 아니니, 말하고 일하는 그 정체를 알아야 참된 말과 일을 하는 정작 인간이 되나니라.

8   불법은 육체나 영혼의 책임자이다. 책임자 없이 살아가는 인생이 그 얼마나 불행한가. 이것을 알면 곧 불법에 돌아오게 될 것이니라.

9   세간법과 불법이 둘이 아니요, 부처와 중생이 하나니, 이 불이법不二法을 증득해야 참 인간이 되나니라.

10 불법을 알면 속인이라도 중이요, 중이라도 불법을 모르면 이는 곧 속인이니라.

11 여러 가지 자물쇠를 열려면 여러 가지 열쇠가 필요한 것 같이 백천삼매百千三昧의 무량無量한 묘리妙理를 해득解得하려면 백천만의 지혜의 열쇠를 얻어야 하나니라.

12 불법을 부인하는 것은 자기가 자기를 부인하는 것이요, 불법을 배척하는 것은 자기가 자기를 배척하는 것이니, 이는 곧 자기가 부처이기 때문이니라.

13 소리 소리가 다 법문이요, 두두물물頭頭物物(삼라만상)이 다 부처님의 진신眞身이건만, 불법 만나기는 백천만겁에 어렵다고 하니, 그 무슨 불가사의한 도리인지 좀 알아볼 일이니라.

불교
佛教

1 불교라고 주장할 때 벌써 불교 교리와는 어긋난 것이니, 불교 교리는 아집我執[193]을 떠난 교리이기 때문이니라.

2 불교의 종지宗旨가 악惡을 징계하고 선善을 장려하는 종교가 아니라, 선악이 다 불법인 까닭에 천당·극락의 즐거움이나 반대로 지옥의 극고極苦한 세계가 다 나의 창조물인 까닭이니라.

3 먼저 대가代價 없이는 얻어지지 않고 노력 없이는 성공이 오지 않는 것이 우주의 원리이니라.

4 일체는 그대로 불佛이기 때문에 일정한 규칙이나 조직을 세워서 가르치지 않고 기류차제機類次第로 가르칠 뿐이니라.

5 불교의 유심唯心[194]이란 유물唯物과 상대가 되는 유심이 아니요, 물物과 심心이 둘이 아닌 절대적인 유심임을 말하는 것이니라.

---

193 아집我執 : 망아妄我의 어리석음에 대한 집착.

194 유심唯心 : 우주의 모든 존재는 마음의 표현이며, 이것을 떠나서 존재하는 것이 없고, 마음은 만물의 본체라고 하는 『화엄경』의 중심 사상.

6 　허공虛空[自我·自性]은 마음을 낳고, 마음은 인격人格(대표적인 인격자를 불佛이라 함)을 낳고, 인격은 행동行動[現實]을 낳나니라.

7 　세상에는 물심양면이라면 우주의 총칭인 줄 알지만, 우주의 정체는 따로 있나니라.

8 　불교에서는 신神을 초월하여 법신이 있고 영혼 위에 진인眞人이 있음을 알아 그것을 증득하는 것으로 구경究竟을 삼는데, 육신과 신神과 영혼의 근본이 법신이요, 그 근본을 잃어버린 육신과 신과 영혼이 서로 교환 이동하는 생활이 사바세계의 인간이니라.

9 　불교는 전全 인류의 자아를 완성시키는 교육 기관이니, 다종多宗·각법各法의 종교가 다 진아 완성의 가교架橋요 과정이니라.

10 　불교 교리의 오의奧義는 표현할 수 없는 법이지만, 각자가 다 이미 지니고 있기 때문에 마음과 마음이 서로 응應할 수 있고, 가르치고 가르침을 받을 수 없으되 주고받을 수 없는 그 법을 전불前佛·후불後佛195이 상속하여 가나니라.

195　전불前佛·후불後佛 : 전불은 현세에 나타난 부처님보다 이전에 성도成道하여 입멸入滅한 부처님이고, 후불은 미래에 나타날 부처님으로 곧 미륵불이다.

승니僧尼란 무엇인가?

1   중이라 함은 일체 명상법名相法이 생기기 이전의 사람을 가리
    켜 중이라 하니, 만유萬有의 주인이요, 천상 인간의 스승이 바
    로 중인 것이다.

2   수행인인 중은 부모처자와 일체 소유를 다 버림은 물론 자신
    까지도 버려야 하나니라.

3   중은 운명의 지배도 아니 받고, 염라국에도 상관이 없어야 하
    며, 남이 주는 행幸·불행不幸을 받는 사람이 되어서도 안 되나
    니라.

4   수도 생활을 하는 것은 성품이 백련白蓮[196]같이 되어 세속에
    물들지 않는 사람이 되려는 것이니라.

5   짧은 일생을 위하여 하는 세속 학문도 반평생을 허비해야 하
    거든, 하물며 미래세未來世가 다함이 없는 전정前程을 개척하
    려는 그 공부를 어찌 천 년을 멀다 하며 만 년을 지루하다 할
    것인가?

---

196   백련白蓮 : 마음이 맑고 깨끗하여 더럽힘이 없는 것을 비유한 말이다.

6 생사윤회에 소극적인 학교 교육도 필요를 느끼거든, 하물며 생사윤회를 영단永斷하고 참된 인간을 완성시키는 참선 교육은 참으로 필요하다. 전 인류에게 시급히 알려야 할 가장 중요한 것이니라.

7 세상 사람은 유위有爲로 법을 삼지만 중은 무위無爲[197]로 법을 삼나니라.

8 세상 사람은 무엇이든지 애착심을 가지고 일을 하지만, 중은 무엇이든지 애착심을 끊고 일을 하나니, 부처님이나 조사祖師에게까지도 애착심은 가지지 말 것이니라.

9 세상에서는 혈통으로 대代를 이어 가지만, 중은 자기를 깨달은 정신, 곧 도道로 대를 이어 가는데, 세상에서도 조상의 향화香火[198]를 끊게 되면 그보다 더 큰 죄가 없다는데, 불자佛子가 되어 중으로 부처님 법을 자기 대에 와서 끊는다면 그 죄를 어디에 비比할 것인가.

10 예전에는 항간의 부녀자 중에도 불법佛法을 아는 이가 있어 종종 중을 저울질하는 일이 있었건만, 지금은 민중을 교화할 책임이 있는 중이 도리어 불법을 모르니, 어찌 암흑시대라 하지 않을 것이며, 시대가 이토록 캄캄한데 민중이 어찌 도탄塗炭에 빠지지 않을 것인가.

---

197   무위無爲 : 인연에 의하여 조작造作이 없는 것.
198   향화香火 : 제사祭祀.

11 불교의 흥망興亡이 곧 인류의 행幸·불행不幸이니라.

12 언제나 불교의 행운과 함께 세상에 평화가 동행해 오게 되나니라.

13 공부하는 스님의 누더기는 임금의 용포龍袍로도 능히 미칠 수 없는 귀중한 것이니, 임금의 용포 밑에서는 갖은 업을 짓게 되지만 중의 누더기 밑에서는 업이 녹아지고 지혜가 밝아지나니라.

14 중으로서 속인의 부귀를 부러워하거나 외로워하거나 설움과 한恨이 남았다면 거기서 더 부끄러운 일이 없나니라.

15 이 우주 전체가 곧 나인 것을 깨달아 체달된 인간을 중이라 하나니라.

16 중은 자신의 노력으로 수입되는 물질이라도 사용私用(사사로이 씀)하지 못하나니, 중의 것은 다 삼보지물三寶之物[199]이기 때문이니라.

17 공부는 하지 않으면서 중의 명목名目으로 시물施物을 얻어 쓰는 것은 사기취재詐欺取財니라.

18 중노릇을 잘못하면 삼가三家[200]에 죄인을 면免치 못하나니라.

19 자성이 더렵혀지기 전인 어렸을 때에 출가하여 평생을 무애無

---

199   삼보지물三寶之物 : 사찰의 공유지물公有之物을 말하며, 삼보는 불佛·법法·승僧이다.

200   삼가三家 : 국가國家·속가俗家·불가佛家를 말한다.

碍하게 중노릇을 잘하여 마치는 이는 하늘과 땅을 덮고도 남는 복이 있나니라.

20 요사이는 시주의 밥만 허비하는 중이 많기 때문에 진실하게 공부하는 중의 생활을 보증해 주는 신도가 없게 되었으나, 도道를 위하여 하는 노력은 곧 도道가 되나니, 도를 위하여는 지악至惡의 경지에서도 용기 있게 노력하여 정진해야 하나니라.

21 사상적 방향은 정진에서만 확정을 하게 되고, 사상적 방향을 정하게 되어야 인생의 정로正路를 걷게 되고, 인생의 정로를 걷게 되어야 인생의 영원겁에 장래를 보증할 수 있나니라.

22 세속 일은 잠시라도 쉼이 있지만, 중은 정진하는 일을 꿈에라도 방심할 수 없나니, 털끝만 한 틈이 벌어져도 온갖 마장이 다 생기나니라.

23 백천만 인人을 죽인 살인수殺人囚라도 허심탄회로 부처님께 귀의하여 정진하는 중만 되면 백천만 인의 원결을 푸는 동시에 백천만겁에 지은 죄업이 몽땅 소멸되나니라.

24 중생이 보고 듣고 일하는 것이 모두 허무하게 되는 것은 망아妄我에 집착하기 때문이니라.

25 중생은 시공간에 의하여서만 생존하는 것으로 집착된 까닭에 시공의 제재하制裁下에 육도 윤회를 면치 못하나니라.

대중처大衆處에서 할 행리법行履法

1   중은 반드시 대중에 처處해야 하며, 대중을 중重히 생각하여야 하나니라.

2   중은 당파黨派를 짓지 않아야 하나니, 우리라는 구분이 있다면 벌써 중의 정신을 잃은 소리니라.

3   중은 물질 본위로 사는 동물적 인간계를 떠나야 할 것이니, 너와 내가 하나인 정신세계의 집단생활이 중의 생활이니라.

4   대중시봉大衆侍奉이 곧 부처님 시봉이니라.

5   속연俗緣을 끊고 출가하여 동수정업同修淨業하는 도반을 서로 존중히 여겨야 함을 알고, 어린이를 사랑하며, 어른에게는 공대할 줄 알아야 하느니라.

6   이미 사좌師佐[201]의 의義를 맺었거든, 스승은 상좌를 지도하고 상좌는 스승을 존경해야 하나니라.

7   중은 먼저 시비심是非心을 끊고 지내되, 남이 나를 시비할 때를 당하여 나의 잘못이 있다면 잘못을 반성하여 고치고, 만일

---

201   사좌師佐 : 스승과 상좌.

나의 허물이 없을 때는 나의 일이 아니니 상관치 말라. 이와
같이 대중에 처하면 불안한 시비가 없고 항상 편안하리라.

8 중은 일이나 물건을 대할 때 나의 이해利害를 생각하지 말고,
   일의 성취와 물건의 보존이 대중에게 공익으로 돌아가게 해
   야 하나니라.

9 동무의 허물을 볼 때에 나의 잘못으로 느끼면 그 허물을 다른
   이에게 알릴 수 없나니라.

10 어려운 일은 내가 하고, 좋은 음식은 남에게 줄 생각을 해야
   하나니라.

11 마음은 무한대無限大한 것이니, 마음의 사자使者인 몸의 능력
   도 제한되지 않은 것이니라.

12 중은 공익심公益心과 평등심平等心으로 누구나 포용할 수 있
   어야 하나니라.

13 중은 곤충에게도 대자대비의 용심用心을 가져야 하나니라.

14 횡재를 기뻐하지 말라. 잃어버린 임자의 슬픔이 있나니라.

15 중은 먼저 인욕할 줄을 알아야 하느니라.

16 대중의 욕辱됨을 내가 혼자 받을 마음을 가지며, 대중을 위하
   여서는 신명身命을 아끼지 않게 되어야 하나니라.

17 대중에 처하여 각자가 자기의 임무만을 잘 충실히 지켜 가면
   대중 질서에 조금도 어지러운 일이 없나니라.

18 공적公的 일을 당하여 괴로움을 면할 생각을 한다든가 자기
   욕심을 생각한다면 그것은 자기타락自己墮落이니라.

19 누가 내게 역량에 못 미칠 노력을 요구하더라도 원망을 말 것
    이니, 못 미친다는 것은 나의 정신력이 못 미친 까닭이니라.

경구
警句

1 숨 한 번 마시고 내쉬지 못하면 이 목숨은 끝나는 것이니, 이 목숨이 다하기 전에 정진력을 못 얻으면 눈빛이 땅에 떨어질 때에 내 정신이 아득하여져서 인생의 길을 잃어버리게 되나니라.

2 죄의 원천은 노는 것[202]이니라.

3 자기면목을 찾는 정진은 아니하고 재색財色에 눈부터 뜨게 된다면, 천불千佛[203]이 출세해도 제도할 수 없나니라.

4 조그마한 나라를 회복하려 해도 수많은 희생을 요하는 것이니, 전소 우주인 나를 도로 찾으려 할 때 그만한 대가를 지불할 예산을 각오해야 하나니라.

5 누구나 물건을 잃어버린 줄은 알게 되지만 내가 나를 잃어버린 것은 모르나니라.

6 미물微物을 업신여기는 마음으로 후일에 나도 미물이 되나니라.

---

202 노는 것 : 방심放心·해태懈怠하는 것.
203 천불千佛 : 과거·현재·미래의 모든 부처님.

7 남에게 이익을 주는 것이 정말 내게 이익이 되고, 남에게 베푸는 것이 정말 나에게 고리高利의 저금貯金이 되나니라.

8 내 잘못을 남에게 미루는 것은 가장 비열卑劣한 일이니라.

9 천 번 생각하는 것이 한 번 실행함만 못하나니라.

10 방일放逸은 온갖 위험을 초래하나니라.

11 말하기 전에 실행부터 할 것이니라.

12 총과 칼이 사람을 찌르는 것이 아니요, 사람의 업業이 사람을 쏘고 찌르나니라.

13 지옥이 무서운 곳이 아니라 내 마음 가운데 일어나는 탐진치貪瞋痴가 가장 무서운 것이니라.

14 함[爲]이 없는 곳에 참 일이 이루어지고, 착함을 짓지 않는 곳에 정말 착함이 있나니라.

15 참된 말은 입 밖에 나지 않나니라.

16 허공이 가장 무서운 줄을 알아야 하나니라.

17 네가 네 생각을 내어놓을 수 있겠느냐?

18 허공이 뼈가 있는 소식을 알겠느냐?

19 귀신 방귀에 털 나는 소식을 알겠느냐?

20 등상불等像佛이 법문하는 소리를 듣겠느냐?

21 생각이 곧 현실이요, 존재니라.

22 생각이 있을 때는 삼라만상이 나타나고, 생각이 없어지면 그 바탕은 곧 무無로 돌아가나니라.

23 토목와석土木瓦石이 곧 도道니라.

24 백초百草204가 곧 불모佛母니라.

25 부처를 풀밭[草田] 205속에서 구할지니라.

26 무심無心은 비로자나불의 스승이니라.

27 알려는 생각이 끊어질 때에 일체를 다 알게 되는 것은 무無에서 일체의 것이 다 발견되기 때문이니라.

28 허수아비가 사람에 지나는 영물靈物임을 알아야 하나니라.

29 얻는 것이 없으면 잃는 것도 없나니라.

30 유용有用한 인물은 한가한 시간을 가질 수 없나니라.

---

204   백초百草 : 중생의 번뇌망상. 무명초無名草.
205   풀밭[草田] : 중생의 무명無明을 비유한 말이다.

최후설

最後說

내가 이 산중에 와서 납자衲子를 가르치고 있은 지 40여 년인데, 그간에 선지식을 찾아왔다 하고 나를 찾는 이가 적지 않았지만, 찾아와서는 다만 내가 사는 집인 이 육체의 모양만 보고 갔을 뿐이요, 정말 나의 진면목은 보지 못하였으니, 나를 못 보았다는 것이 문제가 아니라 나를 못 보는 것이 곧 자기를 못 보는 것이다. 자기를 못 보므로 자기의 부모·형제·처자와 일체 사람을 다 보지 못하고 헛되게 돌아다니는 정신병자들일 뿐이니, 이 세계를 어찌 암흑세계라 아니할 것이냐?

도道는 둘이 아니지만 도를 가르치는 방법은 각각 다르니, 내 법문을 들은 나의 문인들은 도절道節을 지켜 내가 가르치던 모든 방식까지 잊지 말고 지켜 갈지니, 도절을 지켜 가는 것이 법은法恩을 갚는 것도 되고 정신적·시간적으로 공부의 손실이 없게 되나니라.

도량道場·도사道師·도반道伴의 3대 요건이 갖추어진 곳을 떠나지 말 것이니, 석가불釋迦佛 삼천운三千運[206]에 덕숭산德崇山에서

---

[206] 석가불釋迦佛 삼천운三千運 : 석가불이 입적하신 후 3천 년이 지남을 뜻한다.

삼성 칠현三聖七賢[207]이 나고, 그 외에 무수도인無數道人이 출현할 것이니라.

나는 육체에 의존하지 아니한 영원한 존재임을 알라. 내 법문이 들리지 않을 때에도 사라지지 않은 내 면목을 볼 수 있어야 하나니라.

---

207 삼성 칠현三聖七賢 : 삼성은 대승보살 수행의 지위인 십주十住·십행十行·십회향十回向 등 세 성위聖位에 있는 보살로서, 이들은 모두 성위에 들어가기 위한 방편위方便位에 있는 성인이다. 칠현은 대승 불교에서 말하는 초발심인初發心人·유상행인有相行人·무상행인無相行人·방편행인方便行人·습종성인習種性人·성종성인性種性人·도종성인道種性人 등 성위에 있는 현인이다.

행장

行狀

만공월면 대선사 행장
滿空月面 大禪師 行狀

하늘은 높고 땅은 아름다워[高天麗地] 코리아[高麗]라 부르는 한반도에서 열강列強이 쟁리爭利와 세력 각축을 일삼던 구한말舊韓末, 누백년累百年 지속된 배불정책排佛政策에 시달린 근역槿域 불교계가 내우외환內憂外患으로 대법大法이 은몰隱沒하여 불조佛祖의 혜명慧命 보존이 어려워졌을 때, 평지돌출平地突出하여 정법선맥正法禪脈을 중흥함으로써 불법佛法의 위기를 구출한 분이 바로 큰 선지식인 경허성우鏡虛惺牛 선사이시고, 민족의 천추千秋에 통한사痛恨事가 아닐 수 없는 일제 암흑 치하에서 경허의 선풍禪風을 대진大振하면서 항일 불교의 법등法燈을 높이 들었던 한국의 당당堂堂한 대장부가 누구였더냐. 바로 경허 화상의 무생법인無生法忍을 이어받아 상수제자上首弟子가 된 만공월면滿空月面 선사이셨다.

스님의 휘는 도암道巖이요, 법명法名은 월면月面, 법호法號는 만공滿空, 도호道號는 수산叟山이다. 속성俗姓은 송씨宋氏이니 여산후인礪山后人이다.

아버지의 휘는 신통神通이라 하고, 어머니는 김씨金氏이다.

스님은 고종高宗 8년(1871) 신미辛未 3월 7일에 전북 태인군泰仁

郡 태인읍泰仁邑 상일리上一里에서 태어나셨다.

어머니 김씨는 신령한 용龍이 구슬을 토吐하매 황홀한 광명을 발發하는 태몽을 꾸고 스님을 잉태하였다고 한다.

스님이 두 살 때 아버지가 어머니에게 "이 아이는 장차 세속의 일을 하지 않고 불문佛門에 들어가서 고승이 될 것이오."라고 말하면서도 보통 아이가 아님을 알고 출가를 할 것을 미리 걱정하였다.

스님이 열세 살 되던 계미년(1883) 겨울에 누가 말하기를, "이 아이가 김제 금산사金山寺에 가서 올해 과세過歲(설을 쉼)를 하면 장수할 것이오."라고 하였다. 그리하여 부모님이 아들을 데리고 금산사로 갔다.

도암道岩 소년으로선 생후 처음으로 대웅전에 모신 금색金色의 등상불等像佛이며 염의染衣를 입은 스님들을 보는 순간, 자기 자신도 모르게 환희심歡喜心이 샘솟음을 막을 수 없었다.

며칠을 절에서 지내고 돌아온 소년은 출가위승出家爲僧할 뜻이 간절하였다. 아들의 속마음을 알아차린 부모님은 크게 당황하여 종형從兄으로 하여금 출가하지 못하도록 감시하게 하였다.

그러던 어느 날 도암 소년은 출가를 결심하고 야반삼경夜半三更에 초동樵童의 지게를 지고 전주全州 봉서사鳳棲寺로 몰래 갔다. 며칠 머무르는 동안 그 절 스님들은 소년이 비범非凡한 법기法器임을 직감했던지 출가하라고 권유하였으나, 그곳과는 인연이 없어서인지 마다하고 봉서사를 떠났다.

짚신을 벗어 작대기 끝에 매달아 둘러메고 맨발로 정처 없이 걸었다. 하늘에 닿을 듯한 푸른 태산준령泰山峻嶺이 눈앞에 우뚝하고, 흐르는 시냇물 소리는 속세의 잡념雜念을 씻어 주는 듯 즐겁기만 하고, 숲속에 핀 꽃들은 나그네를 반겨 주고, 재재거리는 산새 소리는 사람들이 잃어버린 길을 가리키는 듯하였다. 피곤함도 잊은 채 한 가닥 오솔길을 따라가서 당도한 곳이 전주全州 송광사松廣寺였다.

의젓한 도암 소년을 스님들이 둘러싸고는 "너의 집이 어디냐? 무슨 일로 이 절에 왔느냐?" 하고 물었다. 도암 소년은 무작정 출가를 결심하고 집을 떠난 후 며칠 동안 있었던 일을 사실대로 대답하니 스님들도 인자스럽게 대해 주면서 말했다.

"이 절에는 훌륭한 스님이 없고 논산論山 쌍계사雙溪寺에 훌륭한 진암眞岩 스님이 계시니, 찾아가 지도를 받는 것이 좋을 것 같네."

도암 소년은 그 길로 논산 쌍계사로 갔으나 진암 노스님이 얼마 전에 계룡산 동학사로 옮겨 가셨다고 일러 준다. 다시 길을 물어 동학사로 달려가 진암 노스님을 찾아뵙고 출가할 뜻을 아뢰었다. 노스님이 열네 살의 도암 소년을 행자行者로 받아들여 같이 살게 하였으니, 때는 갑신년(1884)이었다.

도암 행자가 노스님과 둘이서 얼마 동안 함께 살다 보니 양식이 떨어졌다. 마침 젊은 스님이 동냥을 나간다기에 도암 행자도 따라나섰더니, 젊은 스님이 "스님도 아닌 유발동자有髮童子가 무슨 동냥을 할 수 있냐?"라고 말하였다. 도암 행자는 조금도 머뭇거리

지 않고 "얻어먹는 사람이 승속僧俗이 따로 있습니까?"라고 답하
니, 젊은 스님은 아무 말 없이 동냥 동행을 하지 않을 수 없었다.

동냥 10여 일에 엽전 여덟 냥을 쥐고 돌아온 행자의 손을 꼭 잡
은 노스님은 탄식하여 말하되, "이 못난 늙은 것이 남의 집 귀한 자
제를 중도 만들기 전에 동냥부터 시키다니, 나같이 박복한 자는 세
상에 드물 것이다." 하며 눈물을 짓는다. 도암 행자는 진암 노스님
을 위로하며 말하였다.

"순舜임금도 독 장사를 하였답니다. 너무 걱정하지 않으셔도
됩니다."

갑신년 10월 초순 어느 날, 중년 객승 한 분이 동학사에 왔기에
도암 행자도 나가 보았다. 큰 키에 도인의 풍모를 갖춘 데다가 뜻
과 기운이 과감하고 굳세었으며 변재辯才를 갖춘 위풍이 당당하고
안광眼光이 뭇사람을 놀라게 하였는데, 이 스님이 바로 서산瑞山
천장사天藏寺에서 보림保任하고 있던 당대의 위대한 선지식 경허
鏡虛 화상이었다.

경허 화상은 아홉 살 때 경기도 시흥始興 청계사淸溪寺에서 계
허桂虛 스님에게 축발수계祝髮受戒한 뒤 열네 살 때 절에 쉬러 온
박처사朴處士로부터 여름 한 철 글을 배웠는데, 재능이 놀라운 바
있었다. 그해 가을 은사恩師 계허 스님은 환속還俗하면서 경허 스
님의 재주에 학문이 성취되지 못함을 애석히 여겨 당대의 뛰어난
강백講伯인 동학사 만화萬化 스님에게 추천해 보냈다.

동학사에서 경허 스님은 일대시교一代時教를 섭렵하고 스물세

살 때 동학사 강원講院에서 학인學人을 가르쳤으며, 서른한 살 되던 기묘년(1879) 11월 보름 활연대오豁然大悟하였다. 이와 같이 동학사와 경허 화상의 인연은 지중至重하였다.

경허 화상이 동학사에 머무르시고 있던 중 진암 노사老師가 경허 화상에게 "이 도암 행자가 비범한 기틀임을 엿볼 수 있으니 화상이 데려다가 잘 지도하여 장차 이 나라 불교계의 동량재棟樑材가 되도록 하여 주시오." 하고 부탁하였다. 도암 행자는 처음에는 경허 화상을 따라가지 않겠다고 버티다가 진암 노사의 간곡한 말씀을 듣고 경허 화상의 지도를 받기로 하였다.

경허 화상은 한 젊은 스님에게 도암 행자를 충남 서산 천장사에 계신 태허泰虛 스님에게 맡기도록 부탁하였다. 젊은 스님을 따라 천장사에 간 도암 행자는 태허 스님을 모시게 되었다.

그해 12월 8일에 태허 스님을 은사恩師로, 경허 화상을 계사戒師로 하여 사미계沙彌戒를 받고 득도得度하고 월면月面이라는 법명을 받았다.

스님이 스물세 살 되던 계사년(1893) 11월 1일, 17~8세 되어 보이는 초립동草笠童 소년이 이곳 천장사에 와서 하룻밤을 동숙同宿하게 되었다. 소년이 스님에게 "'만법귀일萬法歸一하니 일귀하처一歸何處오.'라는 것만 깨달으면 생사生死를 해탈하고 만사萬事에 무불통지無不通知한다 하니, 이것이 무슨 뜻이오?" 하고 물었지만 스님이 대답을 할 수 없었다.

그 뒤로부터 '만법귀일 일귀하처'란 화두話頭를 들고 공부하기

만공법어

에 애를 써서 어떤 때는 의단疑團이 독로獨露하여 며칠을 잠도 제대로 자지 못하고 지내기도 했다. 그러나 어른을 시봉하면서 공부를 하자니 힘이 무척 들었다. 그래서 몰래 길을 떠나 온양溫陽 봉곡사鳳谷寺로 가서 노전爐殿을 보면서 공부에 더욱 열중하였다.

스님이 스물다섯 살 되던 을미년(1895) 7월 25일에 동쪽 벽에 의지하여 서쪽 벽을 바라보던 중 홀연히 벽이 공空하고 일원상一圓相이 나타났다. 그러나 지금까지 계속해 오던 의심을 조금도 흩뜨리지 않고 하룻밤을 지내던 중 새벽 쇠송[鍾頌]을 할 때 '응관법계성應觀法界性 일체유심조一切唯心造'를 외다가 문득 법계성法界性을 깨달아 화장찰해華藏刹海가 홀연히 열리니, 기쁜 마음이야 무엇에 비길 수 없었다. 그리하여 스님은 다음과 같은 오도송悟道頌을 읊었다.

空山理氣古今外
공 산 리 기 고 금 외
텅 빈 산의 기운이 고금 밖인데

白雲淸風自去來
백 운 청 풍 자 거 래
흰 구름 맑은 바람 스스로 가고 오누나

何事達摩越西天
하 사 달 마 월 서 천
무슨 일로 달마가 서천을 건너왔는가

鷄鳴丑時寅日出
계 명 축 시 인 일 출
축시엔 닭이 울고 인시에 해가 오르네

오도悟道한 후로는 만나는 사람마다 붙들고 "나에게 희유稀有한 일이 있으니 나와 함께 공부함이 어떻겠소."라고 권하는 말을 하였다. 사람들은 스님의 경지를 알지 못하고 모두 말하기를, "어제저녁까지 멀쩡하던 사람이 밤사이에 미쳤다." 하면서 비웃기만

했다. 스님은 이런 문외한門外漢들과 같이 봉곡사에 더 머물 수 없어 걸망을 챙겨 지고 지리산 청학동靑鶴洞으로 향하여 떠났다.

전라도 장성長城 땅에 이르러 한 노인에게 지리산으로 가는 길을 물었더니 "장성에 기산림奇山林이란 선생이 유학자儒學者들을 동원하여 사방에 진陣을 치고 지나가는 중들을 모조리 붙잡아 들여 진중陣中에서 밥 짓는 일을 시키니 그런 위험한 곳에 가지 않는 것이 좋을 듯합니다."라고 하기에 청학동행을 포기하고 본사本寺인 천장사로 발길을 돌렸다.

공주公州 마곡사麻谷寺에 쉬어 가려고 들렀더니 옹사翁師 되는 보경普鏡 화상이 스님에게 "내가 조그마한 토굴土窟을 하나 묻었으니 그곳에서 공부를 하여 보라." 하고 말하므로 그 토굴에 가 본즉 마음에 드는지라 그곳에 머물기로 하였다.

토굴에서 공부하면서 파전坡田도 일구어 연명延命한 지 두 해째로 접어들고 스님 나이 스물여섯 살 되던 병신년(1896) 7월 보름에 경허 화상이 마곡사에 들르셨다.

스님은 화상을 뵙고 지금까지 공부해 온 것을 죄다 고백하니 "화중생련火中生蓮(불 속에 연꽃이 피었다)이로다."라고 말씀하셨다. 화상이 스님에게 물었다.

"등藤 토시 하나와 미선美扇(부채) 하나가 있는데, 토시를 부채라고 하는 것이 옳으냐, 부채를 토시라고 하는 것이 옳으냐?"

"토시를 부채라고 하여도 옳고 부채를 토시라고 하여도 옳습니다."

"자네가 일찍이 다비문茶毘文을 보았느냐?"

"보았습니다."

"'유안석인제하루有眼石人齊下淚(눈 있는 돌 사람이 눈물 흘린다)'라
하니 참뜻이 무엇인고?"

"모르겠습니다."

"자네가 '유안석인제하루'를 모르면서 어찌 토시를 부채라 하
고 부채를 토시라 하는 도리를 알겠느냐? '만법귀일 일귀하처' 화
두는 더 진보가 없으니 다시 조주趙州 스님의 무자無字 화두를 드
는 것이 옳다. 원돈문圓頓門을 짓지 말고 경절문徑截門을 다시 지어
보도록 하여라."

경허 화상이 떠난 후 무자 화두를 의심하면서 열심히 공부하
였다. 날이 갈수록 경허 화상에 대한 경모敬慕의 념念이 더해 갔다.

스님은 서산 도비산島飛山 부석사浮石寺로 경허 화상을 찾아가
서 날마다 법을 물으면서 현현玄玄한 묘리를 탁마琢磨해 나갔다.

그해 초여름에 경남 동래東萊 범어사梵魚寺 계명암鷄鳴庵선원
으로부터 경허 화상이 초청을 받았다. 그때 부석사에 있던 스님과
침운枕雲 두 제자가 경허 화상을 모시고 가게 되었다.

스님은 계명암선원에서 하안거를 마치고 화상을 배별拜別한
후 양산梁山 통도사通道寺 백운암白雲庵으로 갔다. 마침 장마를 만
나게 되어 보름 동안 갇혀 있던 중 새벽 종소리를 듣고 홀연히 다
시 깨달았으니[再悟] 백천삼매百千三昧와 무량묘의無量妙義를 걸림
없이 통달하여 요사장부了事丈夫(생사의 큰일을 마친 장부)가 되었다.

스님이 서른한 살 되던 신축년(1901) 7월 말경 본사로 돌아와 머무르며 배고프면 밥 먹고[飢來喫飯] 피곤하면 잠을 자면서[困來打眠] 소요자재逍遙自在하였다. 스님이 서른네 살 되던 갑진년(1904) 2월 11일에, 경허 화상이 함경도 갑산甲山으로 가는 길에 천장사天藏寺에 들르게 되었다. 스님은 화상을 뵈옵고 몇 해 동안 공부를 짓고 보림保任한 것을 낱낱이 아뢰었다. 화상은 기꺼이 월면 스님의 오도 경지를 인가印可하고 다음과 같은 전법게傳法偈를 내렸다.

雲月溪山處處同　　구름 달 시냇물 산 곳곳마다 같음이
운 월 계 산 처 처 동
叟山禪子大家風　　수산 선자의 대가풍이여
수 산 선 자 대 가 풍
慇懃分付無文印　　은밀히 무문인을 분부하노니
은 근 분 부 무 문 인
一段機權活眼中　　한 조각 기틀 권세 살아 있는 눈 속에 있구나
일 단 기 권 활 안 중

　　이어 만공滿空이라 사호賜號하고 이르되, "불조佛祖의 혜명慧命을 자네에게 이어 가도록 부촉하노니 불망신지不忘信之하라." 하고 주장자를 떨치고 길을 떠났다.

　　그 뒤 만공 스님은 모든 산천山川을 유력遊歷하다가 을사년(1905) 중춘仲春에 덕숭산에 작은 모암茅菴을 지어 '금선대金仙臺'라 이름하고 보림을 하였다. 제방諸方의 납자衲子들이 구름 모이듯 하여 스님에게 설법하기를 청하거늘, 스님이 사양하다 마지못해 법좌法座에 올라 법을 설하니, 이것이 만공 스님의 개당보설開堂普說이었다.

1925년 여름, 스님은 한국 선종禪宗의 중흥조中興祖인 경허 화상이 함경도 갑산에서 열반하셨다는 소식을 듣고 같은 수법제자受法弟子인 혜월慧月 스님과 함께 갑산으로 갔다.

선법사先法師의 가매장假埋葬된 관棺을 모셔다가 난덕산蘭德山에서 다비한 다음 유품을 가지고 돌아왔다. 그때 지은 선법사를 추모하는 시에 '난덕산에서 겁 밖의 노래 그치셨네[蘭德山止劫外歌]'라고 읊은 절구絶句를 보아도 스님의 스승에 대한 비길 데 없는 슬픔이 엿보인다.

스님은 1920년대 중반 덕숭산 산복山腹에다 굽은 나무의 천연미天然美를 살린 재목材木을 쓰고 볏짚 이엉을 얹고 약 5척尺의 탑형塔形 토조土造 '지붕 상투'를 올린 소림초당少林草堂을 지어 그곳에 주석하시면서 충남 대본산大本山 마곡사의 주지를 맡아 쇠운衰運의 절을 부흥하였다.

퇴락한 수덕사의 대웅전(국보)을 4년여에 걸쳐 해체·복원한 것을 비롯, 부속당우附屬堂宇도 증개축하였으며, 덕숭산 중턱에 거대한 자연석自然石을 서 있는 채로 조각하여 용출관음석불涌出觀音石佛 입상立像을 조성하였으며, 또한 정혜사定慧寺에 발우형鉢盂形 석조수조石造水槽를 만들어 '불유각佛乳閣'이라 하는 등 대소 불사佛事를 많이 했다. 그리고 정혜사의 사우寺宇를 일신一新하게 만든 후 능인선원能仁禪院을 열어 제방 납자를 제접提接하니, 최근세 한국 선종의 중흥지中興地가 되었다. 또 한국 최초의 비구니 선원인 견성암見性庵을 건립하여 훌륭한 여성 수도자를 배출함으로써 한국

비구니의 본산本山이 되게 하였으며, 금강산 유점사楡岾寺 조실祖
室이 되어 마하연摩訶衍에서 삼하三夏를 지내면서 선지禪旨를 선양
하기도 하여 전국 사부대중의 추앙을 한 몸에 받았다.

  1937년 3월 11일 일제 총독부 제1 회의실에서 열린 조선 불교
31대본산 주지 회의에 만공 스님은 마곡사 주지로 참석하였다. 회
의에는 일인日人 총독, 13도지사道知事, 31본산 주지 등이 모였고,
의제議題는 조선 불교 진흥책振興策이었다. 이 회의에 나온 총독 남
차랑南次郎은 1929년에 조선 주둔군 사령관, 1936년부터 7대 총독
으로 와서 한국인의 창씨개명創氏改名, 일어상용日語常用 등 악랄
한 방법의 민족 문화 말살의 무단 정치武斷政治를 강행하였던 무도
한 군인으로 2차 세계 대전의 일급 전범一級戰犯이 된 자이다. 회의
벽두에 남차랑 총독은 "전 총독 사내정의寺內正毅가 사법寺法, 사
찰령寺刹令 등을 제정하는 일들을 하여 조선 불교 진흥에 공이 크
다. 앞으로 조선 불교는 일본 불교를 본받아야 된다."라는 등 일제
침략 정책에 따른 한국 불교 말살을 획책劃策하는 망언妄言을 하였
다. 이에 만공 스님은 남차랑을 향하여, "청정본연清淨本然커늘 어
찌하여 산하대지山河大地가 나왔는가?[清淨本然 云何忽生山河大地]"
하고 회의장이 떠나갈 듯이 할喝을 하고 다음과 같이 꾸짖었다.

  "전 총독 사내정의는 조선 승려로 하여금 일본 승려를 본받아
대처帶妻, 식육食肉, 음주飮酒하도록 하여 파계破戒시킨 큰 죄인으
로 지금 무간아비지옥無間阿鼻地獄에 떨어져서 한량없는 고통을
받고 있을 것이다. 이런 자들을 지옥에서 구하고 조선 불교를 진흥

만공법어   •

하는 길은 오직 조선 승려들이 수행을 엄히 하고 용맹정진하여 견성성불하는 길밖에 없다. 총독부는 조선 불교를 간섭치 말고 우리 조선 승려에게 전부 맡기는 것만이 유일한 진흥책이 될 것이다."

이것이 바로 정교분립政教分立 선언이었다.

이날 밤, 3·1운동 33인 중의 한 분인 만해卍海 한용운韓龍雲 (1879~1944) 스님은 만공 스님을 찾아와서 "총독을 사자후獅子吼로 꾸짖어 간담肝膽이 떨어지도록 한 것은 통쾌지사痛快之事오."라고 말하면서 격려하였다.

1941년 3월 10일 서울 선학원禪學院에서 열린 고승 대회에 참석하고 일본의 식민 불교植民佛教 정책 강행에 항거하여 조선 전통 불교를 굳게 지킬 것을 선언하기도 했다.

위에서 본 바와 같이 만공 스님은 만해 스님과 더불어 한국 항일 불교를 이끈 두 기둥이었다. 두 스님은 항일 운동의 동지同志요, 수행 도반道伴이었다. 만해 스님은 아래와 같은 오도송을 지어 만공 스님에게 보내왔다.

男兒到處是故鄉   남아가 이르는 곳마다 내 고향인데
남 아 도 처 시 고 향
幾人長在客愁中   몇 사람이나 객살이 수심 속에 지냈던고
기 인 장 재 객 수 중
一聲喝破三千界   한 소리 큰 할에 삼천 대천세계를 타파하니
일 성 할 파 삼 천 계
雪裏桃花片片飛   눈 속에 복사꽃 조각조각 나네
설 리 도 화 편 편 비

스님이 만해 스님에게 일렀다.

"나는 조각은 어느 곳에 떨어졌는고?[飛者 落在什麼處]"

"거북털과 토끼뿔[龜毛兎角]이로다."라고 만해 스님이 대답하면서 서로 법거량法擧揚하기도 했다.

만공 스님이 주석하던 덕숭산이나 만해 스님이 살던 서울 성북동 심우장尋牛莊을 두 스님은 서로 번갈아 찾아 밤새는 줄도 모르고 담소談笑도 하고 통음痛飮하면서 망국亡國의 한恨을 달래며 조국의 장래를 걱정했다.

만공 스님이 선법사 경허 화상의 어록語錄을 만해 스님에게 편수編修를 의뢰하여 1942년에 『경허집鏡虛集』을 출간한 것은 참으로 고맙고 기쁜 일이었다. 만공 스님은 1930년에 『경허집』을 간행하려고 유고遺稿를 모으기 시작하여 5년 후에 만해 스님에게 넘겨주었다. 그러나 평안도 강계江界 등지에서 쓴 유고가 빠져 있음을 보고 출간을 미루었다. 6~7년 뒤 천만다행으로 만공 스님 앞에 그렇게 찾던 선사先師의 유고 뭉치를 강계 출신 김형극金瀅極 씨가 가져왔다. 김 씨는 일본 내무성內務省의 고등관高等官으로 있으면서 상해上海 임시 정부의 밀명密命에 따라 첩보 36호의 일원으로 일본 정부의 군사 기밀을 빼내어 큰 공을 세운 지하 독립운동의 대담大膽한 공작책工作責이었다. 그의 조부는 경허 화상을 강계의 자기 집에 여러 해 계시도록 한 분으로, 뒤에 임시 정부의 요원要員으로 조국 광복에 애쓰셨다. 그래서 경허 화상의 유고를 가보家寶로 간직하고 있던 김 씨가 만공 스님을 만나 뵈온 자리에서 이렇게 말했다.

만공법어 •

"제가 만난 큰스님은 너무나도 위대했습니다. 내가 대여섯 살때 그분의 목말을 타며 까불었던 적이 많습니다."

"그 스님이 누구길래 그리 위대한가?"

"그분은 경허 스님으로, 여러 해 우리 집에 머물렀고 글 잘하시던 조부와 글을 많이 주고받았지요. 조부가 화상의 임종을 지켜봤지요."

만공 스님은 김 씨의 손을 잡고 경허 화상은 나의 스승이라고 말하면서 화상을 만난 듯이 눈물을 글썽이며 반가워했다. 그래서 김 씨는 간직했던 한 장의 화상 사진과 유묵遺墨을 내놓았던 것이다. 이렇게 만공은 꿈에서도 찾던 선사의 유고를 얻어 만해 스님에게 넘겨 충실한 『경허집』이 세상에 나오게 된 것이다.

1936년 12월 8일, 만공 스님은 설산雪山 최광익崔光益 씨에게 부탁하여 경허 화상의 초상을 그리게 하고 스님이 영찬影讚을 써서 금선대의 진영각眞影閣에 모셨다. 이와 같이 스님의 선법사에 대한 신행信行은 누구보다도 지극하였다.

1930년대 말경, 만공 노사를 시봉하던 필자는 그때 사미沙彌 신분의 철부지 소년이었다. 어느 날 사하촌寺下村의 짓궂었던 나무꾼들이 재미난 노래를 가르쳐 주어 다음과 같은 '딱따구리 노래'를 따라 불렀다.

저 산의 딱따구리는
생나무 구멍도 잘 뚫는데

우리 집 멍텅구리는

뚫린 구멍도 못 뚫는구나

시봉 소년이 부르던 노래를 만공 스님이 지나다가 들은 적이 있었다. 그때 "그 노래 참 좋은 노래다. 잊어버리지 말거라." 하셨다.

어느 봄날 서울 이왕가李王家의 상궁尙宮과 나인內人[208]들이 노스님을 뵙고 법문을 청하였다. 만공 스님은 쾌히 응낙하고 좋은 법문을 듣게 하겠다고 하더니 시봉 소년(필자 진성眞惺)을 불러 방 한가운데 세우더니 '딱따구리 노래'를 부르라고 하셨다. 나는 노사의 법을 신信하는 마음으로 목청껏 멋들어지게 노래를 불렀다. 다 듣고 난 왕궁 청신녀淸信女들은 어리둥절할 수밖에 없었다. 스님은 이때 엄숙한 얼굴로, "바로 이 노래 속에 인간을 가르치는 만고불역萬古不易의 직설直說 핵심법문이 있소. 두두물물頭頭物物 진진찰찰塵塵刹刹이 법문 아님이 없지만 이 노래에 담긴 무진無盡한 뜻을 헤아리게 되어야 내 말을 들을 수 있을 것이오. 마음이 깨끗하고 밝은 사람은 딱따구리 법문에서 많은 것을 얻을 것이나, 마음이 더러운 사람은 이 노래에서 한낱 추악한 잡념을 일으킬 것이다. 원래 참법문은 맑고 아름답고 더럽고 추한 경지를 넘어선 것이오. 범부 중생은 부처와 똑같은 불성佛性을 갖추어 가지고 이 땅에 태어난

---

208 나인內人 : 궁중에서 왕족의 사생활을 시중하던 여관女官의 총칭. '내인內人'의 전음轉音이며, 궁인宮人·궁첩宮妾·잉첩媵妾 등의 별칭이 있다.

누구나 원래 뚫린 부처 씨앗[佛種子]이라는 것을 모르는 멍텅구리오. 뚫린 이치를 찾는 것이 바로 불법佛法이오. 삼독三毒과 환상幻想의 노예가 된 어리석은 중생들이라 참으로 불쌍한 멍텅구리인 것이오. 진리는 지극히 가까운 데 있소. 대도大道는 막힘과 걸림이 없어 원래 훤칠히 뚫린 것이기 때문에 지극히 가깝고, 뚫린 이치를 못 찾는 세상 사람들을 풍자로 한 법문이오.”라고 말하니, 모두 뜻깊은 멋진 딱따구리 법문을 들었다고 큰절을 하면서 고마워하였다.

서울 왕궁으로 돌아간 상궁 나인들은 늘 모시던 윤비尹妃를 뵙고 수덕사에서 배운 딱따구리 노래를 들려드렸다. 다 듣고 난 윤비는 처연悽然한 얼굴로 “어쩌면 나의 슬픈 신세를 두고 노래한 것 같구나. 참으로 한이 맺힌 노래로구나. 정말 잘 들었네.” 하고 말했다. 궁녀들은 혹시나 꾸중을 들을까 봐 조마조마한 구석도 있었으나 윤비가 너무도 잘 이해해 주는 데는 눈물이 날 지경이었다.

동침을 안 하던 임금의 왕비로서 낭군郎君의 피맺힌 한을 풀어드리지 못했음이 더 큰 한이 되어 가슴에 박혀 있는 것이다. 그래서 대한제국은 망하고, 망국亡國을 지켜본 마지막 황후皇后가 된 자신이 죽지 않고 한없이 부끄러운 삶을 살자니 자연히 자비문중慈悲門中에 귀의하지 않을 수 없었던 것이다. 궁녀들이 딱따구리 법문의 자초지종을 말씀 올렸더니, 윤비는 “만공 스님의 시자侍者 소년이 서울 왕궁 구경을 아직 못 했을 것이니 불러 올리도록 해 보라.” 하였다.

그래서 필자는 ‘딱따구리 노래’ 덕분에 뜻밖에 서울 나들이를 하게 되었다. 촌닭이 처음으로 왕궁에 들어서서 어리벙거리니 먼저 나를 알아본 젊은 궁녀들이 "야! 저기 딱따구리가 왔어." 하여 환호성과 손뼉을 치며 반가이 맞아 주었다.

서울 초청을 해 준 보답으로 윤비와 궁녀들이 모인 자리에서 나는 '딱따구리 노래'를 우렁차게 한 번 불렀다. 윤비와 궁녀 모두가 박장대소하면서 한바탕 웃음판을 벌였다. 윤비가 박장대소할 수 있었던 마음의 여유는 오랜 불도생활佛道生活을 해서 얻은 법력法力이 지극한 비극悲劇도 희극喜劇으로 바꿀 수 있는 지혜를 갖게한 까닭이 아니겠는가?

우리 모두가 '딱따구리 노래'에 얽힌 일화를 깊이 있게 들여다보고 지난날 망국의 쓰라림을 숙연하게 반성하고 '거짓을 돌려 천진天眞으로 돌아간다.[返妄歸眞]'라는 구도求道의 '한 생각'을 품고 나라와 민족의 무궁한 발전을 위한 길에 온 목숨을 바쳐 가려는 각오를 새롭게 하여 다시는 망국의 되풀이가 안 되도록 하여야 할 것이다.

만공 스님의 격외格外의 광대자비심廣大慈悲心과 세상을 걸림없이 유희遊戱하는 자재自在의 참뜻이 세속인들의 곡해曲解와 비방을 받을 소지가 위의 딱따구리 법문을 통해서도 짐작이 가는 일이다. 참학사필參學事畢한 만공 스님의 진면목이 약여躍如한 감동적인 에피소드이기도 하다.

어떤 연유緣由로 수덕사 소유의 덕숭산 임야林野를 이왕궁李王宮에게 맡긴 적이 있는데, 어찌 되었던지 그 소유권이 이왕직李王

職으로 넘어갔다. 1930년대 중반, 만공 스님은 그 부당함을 말하고
사찰 소유로 환원시킨 바 있다. 이때 운현궁雲峴宮에 있던 열혈熱
血의 우국남아憂國男兒 의친왕義親王 이강 공李剛公은 스님에게 귀
의하면서 신표信標를 무엇이든 하나 드리겠다고 했다. 스님은 운
현궁에 내려오는 거문고를 달라고 했다. 이 거문고는 고려 때 것
으로, 우리 역대 왕조의 임금 중에서 가장 풍류를 즐겼던 공민왕이
신령한 오동나무를 얻어 만들어 탔던 신품명기神品名器로 한때는
야은 길재冶隱吉再가 애용하였으며 조선 왕조 때는 왕실로 옮겨 와
많은 왕손들의 손때가 묻어 왔다. 이런 왕실 세전 가보世傳家寶가
대원군을 거쳐 이강 공에게까지 온 것이다. 이런 가보를 갖고 싶어
하니 통 큰 의친왕인들 조금 당황도 하였으나 왕실 가족의 눈치를
살피느라 그날 밤 아랫사람을 시켜 수챗구멍으로 거문고를 들고
나가게 하여 만공 스님이 머물고 계시던 선학원으로 보내 주었다.
만공 스님은 덕숭산 소림초당에 거문고를 걸어 두고 명월明月이
만공산滿空山하면 초당 앞 계곡 갱진교更進橋 위에서 현현법곡玄玄
法曲을 타면서 노래 불렀다.

流水西來曲　　흐르는 물소리는 조사의 서래곡이요
류 수 서 래 곡
樹葉迦葉舞　　너울거리는 나뭇잎은 가섭의 춤이로세
수 엽 가 섭 무

갱진교라고 명명命名한 것은 '백척간두百尺竿頭에서 다시 일보一步를 내디뎌라.[更進一步]'라는 용맹정진의 경지를 표현한 것이다.

요사장부了事丈夫가 된 만공 스님은 당대 누구의 추종도 어렵게 한 걸출한 풍류한량風流閑良이었다. 스님을 알아본 의친왕의 안목도 비범하다.

간월암은 서산 앞바다 간월도에 있는 작은 암자다. 백제 때 피안도彼岸島라 했었기 때문에 피안사彼岸寺가 되었으나 이태조李太祖의 왕사王師 무학대사無學大師가 이 절에서 밝은 달을 보고 오도悟道한 뒤로부터 간월도와 간월암이 되었다. 간월암은 신라의 원효 성사元曉聖師도 머무른 명찰名刹이었지만, 조선조의 배불排佛의 화禍를 입어 절이 헐리게 되고 절터에 묘墓가 들어선 것이다. 만공 스님은 옛 절터에 간월암을 복원하고 1942년 여름부터 조국 해방 천일기도를 올렸는데, 회향 3일 만에 8·15해방을 맞았다. 스님의 애국충정은 이와 같이 지극했으며 선견지명을 가졌었다.

스님은 말년에 덕숭산 동편 산정山頂에 한 칸 띠집[一間茅屋] 전월사轉月舍를 짓고 홀로 '허공에 둥근 달을 굴리며[轉月]' 여생을 보내셨다.

스님은 최후설最後說을 하였다.

"내가 덕숭산에 와서 40여 년간 많은 납자들이 나를 만났지만 내 얼굴만 보고 갔을 뿐이다. 나의 진면목을 못 보고 갔으니 곧 자기를 못 본 것이며, 헛되이 돌아다니는 정신병자들뿐이었으니, 이 세상이 어두울 수밖에 없다. 나의 문인門人들은 내가 가르치던 도절道節이 갖추어진 곳을 떠나지 말라. 석가운釋迦運 말년에 덕숭산에서 삼성 칠현三聖七賢이 나고 그 외 무수한 도인道人이 출현할 것이니라. 너희 모두가 육체에 의존하지 아니한 영원한 존재임을 알라."

조국이 광복된 다음 해인 병술년(1946) 10월 20일 만공 스님은 목욕 단좌한 후 거울에 비친 자기 모습을 보고, "자네와 내가 이제 이별할 인연이 다 되었네그려." 하고 껄껄 웃고 문득 입적하였다. 다비를 모시던 즉시 흰 연기 위에 홀연히 백학白鶴이 나타나 공중을 배회하고 오색광명이 하늘을 수놓았다.

이 광경을 본 대중은 환희한 마음과 기이奇異한 생각으로 다비를 마쳤다. 문도들이 영골을 모아 석탑에 봉안하고 이름을 '만공탑滿空塔'이라 했다.

세수世壽는 75, 법랍法臘은 62, 석존 후 76대代이다.

스님의 문하에서 많은 용상대덕龍象大德이 나와 광복 조국의 불교계를 정화하고 종단 경영의 많은 주역이 되어 오늘까지 활동하고 있음은 당연지사當然之事가 아닐 수 없다.

경허 화상이 외롭게 불조의 혜명을 잇고 함경도 갑산 난덕산에서 겁외가劫外歌를 그친 지 근 60년이 되었고, 만공 스님이 경허 화상의 대가풍을 잇고 덕숭산에서 거문고 소리를 멈춘 지 근 40년이 되었다.

난덕산에서 사라진 겁외가를 다시 부를 무애 광대無碍廣大와 덕숭산 정혜사에 주인을 잃고 걸려 있는 거문고를 다시 찾는 풍류

쾌객風流快客이 돌출하여 환희의 새 하늘[新天]을 여는 장거壯擧를 간곡히 기다린다.

1983년 3월 28일

시자侍者 진성眞惺 분향焚香 근서謹書

만공법어 ●

부록 1[209]

만공 화상 자답[210]

어떤 스님이 장생長生에게 물을 때에, 장생이 '창천蒼天[211]'을 쓰지 않고 '양구良久'라 하면 그 스님이 말하기를, "그것은 제2구이니, 무엇이 제1구입니까?" 할 것이다. 또 양구하면 운문雲門과 황벽黃蘗이 향을 사르고 방으로 들어갈 것이다. 그러나 나는 그렇지 않아, 누가 나에게 묻기를, "무엇이 제1구입니까?" 하면, "참으로 아니다." 할 것이다.

滿空和尚自答

其僧이 問長生時에 生이 不用蒼天하시고 云 良久하시오면 僧이 云

---

209 기존의『만공법어滿空法語』편찬 후 새로 발견된 자료, 후대 스님의 법어에 근거한 자료 등 9편의 글을 모아 〈부록 1〉로 엮었다.

210 이 글은 초암자草庵子 필사본(1912년)『경허법어』에 실린 글이며 원문의 현토를 그대로 옮겨 실었다.

211 창천蒼天 : 선어록에서 '아이고, 아이고.' 하며 애통해하는 소리로 쓰인다.

卽是第二句이오니 如何是第一句잇가 又良久하시오면 卽雲門黃蘗이

燒香入堂이나 然이나 這漢은 不然하야 如人이 問滿空호되 如何是

第一句오하면 眞正不也니라

만공법어 •

한암 선사와 주고받은 편지[212]

만공 선사가 어느 날 옛이야기를 가지고 우두암 한암 선사께 편지로 질문을 하였다.

"어떤 스님이 설봉에게 묻되, '무엇이 제1구입니까?'라고 한 것으로 인해 스님이 양구良久했습니다. 스님이 장생長生에게 이 일을 가지고 묻자 장생이 '이것은 제2구이다.' 하였습니다. 설봉 스님이 다시 그 스님으로 하여금 장생에게 무엇이 제1구인지를 묻게 했더니, 장생이 '창천蒼天, 창천蒼天'이라 하였습니다.

열재 거사悅齋居士가 송하여 가로되, '제2구의 뜻이로구나. 양구良久여! 창천蒼天도 오히려 제3구에 떨어진다.' 했는데, 무엇이 제1구입니까?"

한암 선사가 답서를 보내왔다.

"장맛비 처음 개인 뒤에 창문을 반쯤 여니, 기쁜 소식 전해 주는 까치 소리에 그대의 서신이 날아왔군요.

어떤 스님이 설봉에게 묻기를, '무엇이 제1구입니까?' 하니 설봉이 양구하였는데, 이는 틀렸습니다. 또 그 스님이 장생에게 묻기를, '무엇이 제1구입니까?' 하니 장생이 '창천, 창천'이라 했던 것도 틀렸습니다. 이를 두고 열재 거사는 송하기를, '제2구의 뜻이로

---

[212] 이 글은 무심도인無心道人이 필사한(1932년) 『호서화상법어湖西和尚法語』에 실린 글이다.

구나. 양구여! 창천도 오히려 제3구에 떨어졌다.'라고 했는데, 만약 누군가가 우두암 승려(나)에게 '무엇이 제1구입니까?'라고 묻는다면 나는 이렇게 양구하였다가 '창천, 창천'이라 답할 것입니다. 옆에서 누군가 이를 수긍하지 않는 자가 나와서 말하기를, '잘못을 가지고 잘못으로 나아가는 것이다.'라고 한다면 나는 곧바로 말하기를, '어느 곳에서 이러한 소식을 얻었는가?'라고 물을 것입니다. 비록 이와 같으나 '옛 조사의 언구가 천하에 두루 가득하다.'라고 한다면 내가 곧바로 '옛 조사를 비방하지 말라.'라고 답할 것입니다. '옛사람의 일은 그만두고, 도인(한암)의 가풍은 어떠합니까?'라고 한다면 나는 주장자로 법상을 한 차례 치고서 '수많은 민가의 문을 한 번에 여니 우두산 푸른 빛이 하늘을 찌르도다. 쯧쯧!' 할 것입니다."

滿空禪師 一日以古語 問于牛頭庵寒岩禪師 馳書曰

昔雪峯 因僧如何是第一句 師良久 僧擧似長生 生云 此是第二句 師却令其僧問長生 如何是第一句 生云 蒼天蒼天 悅齋居士頌云 第二句義 良久 蒼天 猶落第三句 如何是第一句 岩禪師答書云 潦雨初晴 山窓半開 喜鵲一聲 好書來付 僧問雪峯 如何是第一句 雪峯良久錯 又僧問長生 如何是第一句 生云 蒼天蒼天 錯 悅齋居士頌云 第二句義 良久 蒼天 猶落第三句 忽有人問牛頭庵僧 如何是第一句 答 良久云 蒼天蒼天 傍有不肯者 出來道云 將錯就錯

即云 爾向甚處得這個消息來　雖然如是　古祖師言句遍滿

天下　即答云 莫謗古祖好也 古人事且置　道者家風如何

以拄扙打卓一下云　萬戶千門一擊開 牛頭山色揷天碧 咄

한암 선사와 재차 주고받은 편지[213]

만공 선사가 한암 선사에게 보냈던 제1구에 대한 물음에 한암 선사가 답서를 보내왔고, 만공 선사가 다시 답변하였다.

"이 소는 지금 코뚜레가 없도다."

한암 선사가 말하였다.

"쓸데없는 말이군요."

만공 선사가 말하였다.

"쓸데없다면 저 소와 같습니다. 제1구는 이미 얻었으나 제2구는 꿈에서도 보지 못했습니다."

한암 선사가 말하였다.

"공화空華[214]를 만들지 마십시오."

만공 선사가 말하였다.

"우두(한암 스님)의 밝은 안목으로도 잘못을 가지고 잘못에 나아갔으니, 나는 압니다."

한암 선사가 말하였다.

"적이 지나간 뒤에 활을 쏘는 격이군요."

만공 선사가 말하였다.

---

213 이 글은 무심도인이 필사한 『호서화상법어』에 실린 글이다.

214 공화空華 : 허공화虛空華, 즉 허공 가운데의 꽃이란 뜻이다. 허공에는 본래 꽃이 없지만, 눈병 난 사람들이 착각에 의해 이를 보는 일이 있듯이 본래 실재하지 않는 것을 실재하는 것이라고 잘못 아는 것을 비유한 말이다.

"적이 지나간 뒤에 머리에 화살 다발을 꽂고 도망가야 할 것이로다."

한암 선사가 말하였다.

"가난뱅이가 묵은 빚을 생각하는군요."

만공 선사가 말하였다.

"가난뱅이가 묵은 빚을 생각하는 것이 아니라 손자를 사랑하는 늙은이는 자연히 입이 가난합니다. 설봉의 양구와 장생의 창천과 열재 거사의 송, 이 세 가지가 모두 틀렸으니, 설봉이 이 스님에게 물은 한 가지 잘못은 여기에 포함되지 않습니다.

만약 어떤 스님이 못난 나에게 묻기를, '무엇이 제1구인가?' 한다면 양구 후에 답하기를, '털끝만큼이라도 어긋남이 있다면 천지간에 현격하리라.' 할 것입니다.

또 어떤 스님이 '어떻게 알 수 있습니까?' 한다면 또 양구할 것입니다."

한암 선사가 말하였다.

"과연 그러하군요."

空禪師　以上岩師之一句答書　對曰　此牛今非鼻穿　岩師
云　閑言語　空師曰　閑則彼牛同也　第一句已得　第二句
未夢見在　岩禪師云　莫眼花　空禪師曰　牛頭明眼將錯就
錯　這僧知知　岩師云　賊過後張弓　空師曰　賊過頭挿矢束
負北可　岩師云　貧兒思舊債　空師曰　非貧兒思舊債　愛

孫老翁自然口貧　雪峰良久　長生蒼天　悅齋居士頌 三錯
不與雪峯間這僧一錯　有僧問陋漢 如何是第一句 良久云
毫釐有差 天地懸隔 又僧問 又作麼生會　又良久　岩師云
果然

경허 화상과 주고받은 편지[215]

경허 화상이 어느 날 만공 화상과 서신으로 문답을 주고받았는데, 내용 중에 혜월 화상 회중에서 ⊜로 법을 보인 것과 만공 화상 회중에서 ⊖로 법을 보인 것이 있었다. 만공 화상이 여쭈었다.

"삼가 여쭙건대, 여래선으로 대중에게 보인 것입니까? 조사선으로 대중에게 보인 것입니까? 만약 여래선으로 보인 것이라면 귀굴鬼窟로 인도할 것이고, 조사선으로 보인 것이라면 신굴神窟로 인도할 것입니다. 이 밖에 무슨 법으로써 대중에게 보인 것입니까? 잘 말씀해 주십시오. 만약 우리 불가에 이와 같은 가풍이 없다고 한다면, 이것은 마왕魔王이 바로 보인 것입니다."

경허 화상이 답변하였다.

"애통하구나."

만공 화상이 말하였다.

"말년에 슬프게도 마왕에게 포섭당했으니 통탄할 만하군요."

경허 화상이 또 답변하였다.

"애통하고 애통하구나. 정신 차려, 정신 차려!"

만공 화상이 또 말하였다.

"애통하고 애통합니다. 이것은 선감宣鑑[216]의 가풍이지 전활全

---

215   이 글은 무심도인이 필사한 『호서화상법어』에 실린 글이다.

216   선감宣鑑 : 덕산선감德山宣鑑(782~865) 선사는 중국 당나라 검남劍南 출신으

鑑[217]의 가풍이 아닙니다. 정신 차리세요, 정신 차리세요! 용두사미龍頭蛇尾라고 부를 만합니다."

경허 화상이 말하였다.

"숙맥菽麥[218]이로군."

師一日與滿空和尙 以書問答之 示法慧月和尙會衆 ☺ 滿
空和尙會衆 ☺ 伏問以如來禪示衆乎 以祖師禪示衆乎 若
以如來禪示衆 引導於鬼窟 若以祖師禪示衆 引導於神窟
如此外 以何法示衆乎 善說 若道吾家無如是風度 此卽是
魔王正示 師答云 哀痛 滿空和尙曰 末年悲魔攝可歎 師
又答 哀痛哀痛 精神察理 精神察理 滿空和尙又曰 哀痛哀
痛 此是宣鑑家風 不是全豁家風 精神察理 精神察理 喚作
龍頭蛇尾 師曰 菽麥

로, 성은 주周 씨이다. 어려서 출가하여 율장을 깊이 연구하였으며, 항상 『금강
경金剛經』을 강설하였으므로 별명을 '주금강周金剛'이라 하였다. 용담숭신龍
潭崇信 선사에게서 크게 깨닫고, 훗날 덕산정사德山精舍에 들어가 종풍을 크
게 떨쳤다. 시호는 견성대사見性大師이다.

217   전활全豁 : 암두전활巖頭全豁(828~887) 선사는 천주泉州 출신으로 청원의공淸
       原誼公 스님 아래로 출가하였고, 앙산혜적仰山慧寂 선사에게 참학하였다. 이
       후 덕산선감德山宣鑑 선사의 법제자가 되었다. 동정호洞庭가 와룡산臥龍山에
       은거했지만 후학들이 찾아오자 가르침을 폈다. 암두巖頭는 주석한 사찰 이름
       이다. 시호諡號는 청엄대사淸儼大師이다.

218   숙맥菽麥 : 콩과 보리를 구별하지 못한다는 뜻으로, 사리 분별을 못하는 어리
       석고 못난 사람을 이르는 말이다.

만공법어   •

메이지[明治] 일왕日王 부고에 지은 만사[219]

만공 화상이 메이지 일왕 부고에 만사를 지었으니 게송은 다음과
같다.

올 때에는 온 곳을 모르고

갈 때에는 갈 곳도 모르구나

인간 세상 있을 적에 천상의 즐거움 누렸지만

이는 한순간 꿈속 일 아닌 게 없도다

천황이 열반으로 가는 길에

밝은 안목은 어느 곳에 있는가

산승은 요령을 흔드노라

    滿空和尙 月[220]治天皇御崩後 爲作輓詞 頌曰

    來時不知來處　去時不知去處

    在人間受天樂　是無非一夢間

    天皇涅槃路頭　在甚麽處明眼

    山僧動鈴聲

219　　이 글은 무심도인이 필사한 『호서화상법어』에 실린 글이다.

220　　月 : 저본에는 '月'로 되어 있으나, '明'의 오기로 보인다.

봄이 옴에 풀이 절로 푸르다[221]

만공 스님이 송구에 대답하다.

동해 큰 섬 안에
용과 뱀이 섞여 노니네
서쪽에서 범사자가 오니
늙은 범은 청산으로 떠나네
사자가 용과 뱀에게 할하니
이 일은 매우 기특하도다
영남에 불법이 없던가
봄이 옴에 풀이 절로 푸르구나

　　滿空師對頌句曰
　　東海巨島中　龍蛇混雜遊
　　西來虎獅子　老虎靑山去
　　獅子喝龍蛇　此事甚奇特
　　嶺南無佛法　春來草自靑

221　　이 글은 무심도인이 필사한『호서화상법어』에 실린 글이다.

월인천강송 月印千江頌[222]

만공 스님이 게송으로 답하다.

하늘에 뜬 보름달이 천강에 비치니

달과 천강이 인연이 있네

천강과 달이 인연이 있음이여

달과 강이 인연이 있다고 한다면

강 동쪽이 서산의 그림자라고 속히 말하라

강과 달이 인연이 있다고 한다면

어째서 지나간 달은 뒤를 밟을 수 없는가

달과 천강이 인연이 없도다

천강과 달이 인연이 없음이여

달이 천강에 만고토록 밝도다

이미 한 물건도 이 속에는 없으니

이뭣고

한 물건도 이 속에는 없지만

모든 부처님이 몸을 나투시어 광명을 놓는다네

---

222   이 글은 무심도인이 필사한 『호서화상법어』에 실린 글이다.

滿空答頌曰

太虛滿月印千江　月與千江有緣

千江與月有因緣　若言月與江有緣

速道江東西山影　若言江與月有緣

如何過月不踏後　月與千江無因緣

千江與月無因緣　月與千江萬古明

旣是無一物這裡　是甚麽

無一物是這裡　諸佛出身放光明

완월송翫月頌223

만공 화상이 달을 감상하며 게송을 읊다.

푸른 하늘 밝은 달 그 속에 흐릿한 그림자 모습

흰 구름 맑은 바람에 간섭받지 않네

깊은 가을밤 때때로 안식眼食224하니

귀뚜라미 우는 소리 미묘한 법이로다

달은 달을 알지 못하니

사람들이 달이라고 부를 뿐이네

이미 달이라고 불려지면

참으로 월면225을 알리라

>   滿空和尙翫月頌曰
>
>   碧天明月這裡售 白雲淸風無干涉
>
>   眼食隨時秋夜半　蟋蟀殘聲是微竗
>
>   月不知月　人作號月
>
>   已爲號月　眞知月面

223　이 글은 무심도인이 필사한 『호서화상법어』에 실린 글이다.

224　안식眼食 : 눈으로 먹다. 육근이 서로 호용互用하는 경지.

225　월면 : 달의 진면목을 말한다. 월면은 만공의 법명이니, 결국 나의 진면목을 뜻한다.

오쟁이 지푸라기 밥을 드시다[226]

만공 스님과 혜월 스님과 수월 스님이 어느 토굴에 들어가서 정진을 한 적이 있습니다. 세 어른이 다 한 배낭씩 쌀을 짊어지고 올라가서 "해제하기 전까지는 바깥에 나오지 말자." 이렇게 정하고 공부를 하는데, 쌀은 남아 있고 반찬이 떨어진 상황이었습니다. 그때는 반찬을 구하러 산에서 나올 수도 없었고, 오쟁이(짚으로 엮어 만든 작은 섬)에 담아 간 소금도 다 먹어 버렸기에 어떻게 할 수 없어서 만공 스님이 소금에 전 오쟁이의 지푸라기를 짧게 가위로 잘라 맑은 물에 담가서, 그것도 많이 담그면 헤프다고 조금씩 밤새도록 물에 담가 놓아 그 짠 물이 건건하게 우러나면 그걸로 밥을 자셨다고 합니다.

---

226   이 글은 『덕숭산법향 원담법어』(수덕사 편찬, 2003년) 중에서 '불기 2524년, 경신년 (1980) 하안거 결제(4.15)' 때 했던 법어를 발췌 정리하였다.

부록 2

만공 스님을 추모하며[227]

만공 스님

불기 2973년(1946) 10월 21일 새벽, 동녘 하늘에 찬연히 빛나던 밝은 별이 드디어 땅에 떨어지고 말았다. 이날 조선 불교의 법주이신 만공 선사께서 76년의 위대한 생애를 일기로 고요히 열반에 드셨다. 생사를 여의고 열반이 없는 것처럼, 선사의 자재한 거래去來가 어찌 우연한 일이겠는가. 친히 선사를 모시고 직접 선사의 법훈을 입은 산승들은 물론이고, 멀리 선사의 도력을 우러러 공경하던 일반 사회 대중들까지도 이 슬픈 소식이 전해지자, 한순간 맑은 하늘에 태양을 잃은 듯 눈앞이 캄캄함을 금할 수 없었다.

　　만공 스님은 인자한 스님, 존엄한 스님, 거룩한 스님이시다. 존명만 들어도 그 위대한 법력에 위압을 느끼던 세기의 성자이신 만

227　아래의 글은 1946년 12월 '중은重隱' 사미가 쓴 「만공스님」이라는 글로, 『불교문화재연구』 제1호(동북아불교미술연구소 편찬) 「덕숭산정혜사」 편에 실려 있다.

공 스님은 드디어 이 사바세계를 떠나셨다.

그러나 열반하여 스님의 육신은 없지만 널리 모든 중생들을 구제하신 그 숭고한 정신만은 우리들 마음속에 길이길이 남아 있음은 부정할 수가 없다. 그렇다. 스님은 확실히 살아 계신다. 그 혹독한 일제 강점기 시대에 조선 불교를 살리기 위해서 끊임없이 악전고투한 스님의 지난 역사를 회상할 때마다 우리는 지금 친히 스님을 받들어 모시고 있다는 느낌이 생존해 계실 때보다 오히려 더욱더 뼈아프게 느껴진다.

스님은 가시는 곳마다 대가람을 지으시고, 혹은 모든 절마다 선원을 개설하시고, 또 옛 성인의 유적을 복원하셨고, 혹은 스승의 문집을 출판하시고, 때로는 청정한 납자와 본산의 주지로, 때로는 법사와 조실로, 어떤 지위에 계시든 모든 시절을 막론하고 일말의 사심私心과 욕심이 없이 시종일관하셨다.

불자들을 위해서 법을 설하고, 중생들을 위해서 도를 펴신 스님의 활발한 면목이야말로 불교의 한 위대한 성장盛裝이며, 도의 세계에서는 하나의 위대한 광경이었음은 세상 사람들이 모두 인정하는 사실이다. 일본의 내선일체內鮮一體라는 이름 아래 조선 불교까지 병탄하려는 야욕을 세우고 형식적인 승인을 얻고자 31본산 주지 회의를 소집하였을 때, 부득이한 사유로 마곡사 주지의 명의名義였을 뿐 일체의 공석에 나서지 않던 스님께서 선정을 깨뜨리고 분연히 일어나 의회에 참석하셨다. 스님께 발언이 허용되자 크게 소리치며, "청정본연淸淨本然커늘 운하홀생云何忽生 산하대지

山河大地오?"라고 장내가 떠나갈 듯 사자후를 하시고 나서, "사찰 보호라는 명목하에 조선사찰령을 제정해서 이 땅의 7천 승려들을 파계하도록 한 역대 총독들은 지금 아비지옥에서 하루에 만 번을 죽는 고통을 받고 있다."라고 책상을 치며 말하였다.

당시 총독 미나미 지로(南次郞, 1874~1955)에게 다가가서 핍박하던 높은 기상의 걸림 없는 스님인 동시에 조선 독립을 위하여 간월의 외로운 섬에서 천일기도를 하시고, 날로 심해져 가는 일제의 최후 발악으로 인해 당신의 참뜻을 다 말하지도 못하였다. 청풍에 한숨을 보태고, 파도에 눈물을 흘리시던 자비 가득한 스님을 생각하니, 완전한 조선의 해방은 아직도 막연하고, 몸과 뼈만이라도 스님의 원력이 실천되었지만, 그 결과를 보지 못하고 돌아가셨으니, 아! 이 어찌 크게 분하고 원통한 일이 아니겠는가. 스님께서 미리 떠나실 준비를 하시던 것을 알지 못하고, 이제 일을 당하고 나서야 비로소 그 뜻을 깨닫게 되니, 이 뼈아픈 애처로움을 그 어디에다 호소하랴!

스님이 돌아가신 후에 산중의 혼란을 막기 위하여 전국 유일의 총림제를 실시하게 하신 것이라든지, 당신의 소지품을 모조리 정리하신 일, 더구나 특별한 경우가 아니면 얼굴 털을 깎지 않던 스님께서 떠나시던 날 손수 면도를 하시고 거울에 비친 당신 얼굴을 향해서 "자네하고도 오늘이 마지막일세." 하고 쓸쓸히 웃으시던 일, "전월사는 협소해서 산중 대중들이 곤란할 것이니, 언제든 큰절에 내려가서 죽겠다."라고 하시던 말씀과 같이 일부러 정혜사로 내려오셔서 물 한 모금도 안 드시고 선정에 든 채 고요히 떠나신 그 태연자약한 열반을 생각할 때마다 아아, 가슴이 터질 듯 눈물이 앞을 가리는구나.

"별증別症이 있어야지."라며 시시때때로 하시던 말씀! 명목뿐인 조선의 해방이 지나간 왜정 시대의 별증이었다면 미·소 대치 하의 이 강토에 또다시 별증이 없으리라고 그 누가 단언하겠습니까.

스님이시여! 확실히 믿습니다. 단지 현실 세계뿐만 아니라 우리들의 마음속에까지 별증이 있으리라는 것을. 그때 비로소 생사의 거래를 끊고 가신 스님의 본래면목을 친견할 것을 믿고 이에 굳게 맹서하옵나이다.

스님이시여, 길이길이 안녕安念하소서.

若人欲識先師意
약 인 욕 식 선 사 의
德崇山頭望月面
덕 숭 산 두 망 월 면
或盈或仄明暗裏
혹 영 혹 측 명 암 리
滿空英氣自去來
만 공 영 기 자 거 래

만약 스님의 뜻을 알고자 한다면
덕숭산 꼭대기에서 달을 바라보라
가득 차고 이지러지는 밝고 어두움 속에
만공의 빼어난 기운이 스스로 오가는구나

불기 2973년(1946) 12월 일
미좌迷佐 사미沙彌 중은重隱 분향焚香

만공월면 선사 실기實記[228]

전북 김제군 태인읍에서 출생하신 송신통 선생은 생이지지生而知
之한 신통 묘술이 있어 운수 예측을 잘하여 만인의 길흉을 명백히
판단하였으므로 세상 사람들이 호를 '신통 선생'이라 일컬었다. 그
러나 47세가 되도록 자식이 없음을 탄식하고 미륵석불을 전주 황
방산에 모셔 놓고 백일기도를 지극 발원하고 도인 아들 낳기를 기
원하며 빌었다. 회향할 때 꿈에 하늘에서 한 소화상이 녹라의綠羅
衣 붉은 가사를 수하고 흰 구름을 타고 내려와 신통 선생의 품에
안기면서 다음과 같이 말하였다.

"나는 천상에 있는 화산도사의 제자로서 선생에게 부자父子될
인연이 있으므로 내려왔으니 아무쪼록 품어 주시기를 바랍니다."

선생이 꿈에서 깨어서는 득남할 줄 알고 기쁨을 이기지 못하
였다. 그 후 돌아와서 그달부터 태기가 있어 신미년 3월 초칠일에
열 달이 차서 순산 득남하였으니, 기골이 웅장하고 범상한 아이가
아님을 알고 무한히 기뻐하였으며, 이름을 '도암'이라 하였다. 그
리고 아이의 관상을 보고 말씀하기를, 이 아이가 장래에 반드시 고
승이 될 것이며, 부인도 저 아이를 따라서 불문에 종사할 것이라고

---

228 이 글은 선복 스님(1886~1970)의 상좌인 성오 스님이 필사한 글로, 안성 법계사
(주지 : 도윤)에 있다가 수덕사근역성보관으로 기증한 자료집에 수록되어 있는
글이다. 선복 스님은 12세에 입궁入宮하였다가 경복궁에서 원만 스님의 『법화
경』 설법을 듣고서 출가하였으며, 만공 스님의 법제자이다.

말씀하셨다. 그리고 아이가 두 살 되던 해에 홀연히 말씀하시기를, "아무 날 아무 시에는 내가 세상을 떠나리라." 하셨다. 그날이 돌아오니 시간을 기다리시며 고요히 돌아가셨다 합니다. 세월이 흐르는 물 같아 어느덧 도암이 9세가 되었습니다.

태인읍 상일리[229] 선앙산 하 죽림가에서 종형從兄을 의지하여 몇 년을 지내 오다가 13세가 되던 해에 문복쟁이(점쟁이)가 말하기를, "금년에 신수身數가 나쁘니, 돌아오는 설에는 절에 가서 부처님을 모시고 과세過歲(설을 쇰)하라."라고 부탁을 하고 가더랍니다. 그래서 금산사 절에 설 쇠러 갔더랍니다. 절이라고는 처음으로 금산사를 구경하는 가운데 부처님도 처음 친견하게 되었다고 합니다. 비록 나이는 어리나 내심으로 생각하기를, '이 세상에도 이와 같이 살아가는 사람도 있구나.' 하고 무한히 궁금하게 여겼습니다. 모친을 모시고 설을 쇠고 정월 초이튿날 집으로 내려왔습니다.

그 후로는 날마다 그 절과 그 부처님이 눈앞에 나타나서 세상살이가 다 하기도 싫고 항상 나도 절에 가서 살았으면 하는 생각이 있던 중에 가까운 절도 많이 있었으나 종형이 엄격하여 감히 절에 가겠다는 말을 하지 못하고, 몰래 간다 하더라도 가까운 절에는 못살 것 같아 하루는 일찍 새벽에 일어나서 모친과 종형 몰래 도망가서 거기서 70~80리 되는 전주 봉서사로 갔습니다. 거기서 며칠 있어 보니, 마음에 스승 삼고 싶은 사람이 없어서 그곳을 떠나 근처

---

229   현재 전라북도 정읍시 태인면 태흥리이다.

송광사라는 절에 갔습니다. 거기서도 역시 선생 삼고 싶은 사람이 없어서 또 그곳을 떠나서 은진 쌍계사로 가서 진암 화상을 뵈었습니다. 그리고 그 화상께 두어 달 시봉을 하였다고 합니다.

그 후 진암 화상이 계룡산 동학사로 이사를 가시게 되어, 도암은 아직 중은 되지 않고 진암 화상을 따라서 동학사까지 가게 되었습니다. 그때가 갑신년(1884) 겨울인데 동학사에서 강원이 크게 융성하였던 시기이고, 강주 화상은 만우 화상이고 제방에 유명한 강백이 많이 운집하여 계셨으니, 학명 화상과 태평 화상과 속리산 월파 화상과 경산정토, 경운 화상과 각처에서 온 70여 명 학인들이 계셨다 합니다.

그런데 갑신년(1884) 겨울 산림 결제를 하게 되었는데, 석양에 어간문 밖에서 "객 문안드립니다." 하는 소리에 입승스님이 들어오시게 하니, 어간문을 열고 객스님 한 분이 들어오시는데, 신장은 8척이고, 존엄한 태도는 두 번 바라보기 어려웠습니다. 결제예식을 마치고 밤에 결제법문을 하게 되었습니다.

본방 조실화상이 상당법문을 하시되, "그릇도 반듯하여야 하며, 비뚤어지면 못 쓴다." 하시며, "나무도 쭉 곧아야지 꼬부라지면 못 쓴다." 하시며, "사람도 선량하고 덕이 있어야지, 악하고 불측不測(예측 못함)하면 못 쓴다."라고 하시고 내려오셨습니다.

그다음에 경허 화상이 상당법문하시되, "아까 본방 조실화상께서 하신 법문이 적절하시나 비뚤어진 그릇은 비뚤어진 대로 반듯하고, 굽어진 나무는 굽어진 대로 곧으며, 사람은 악하고 불측한

대로 선량하도다." 하시고 법좌에서 내려오셨습니다. 도암 동자가 스스로 아무것도 모르는 소견으로 우연히 뜻으로 경허 스님 법문을 들으니, 그 뜻이 합당하다는 생각이 들었습니다.

그날부터 경허 스님을 스승으로 삼고 배우겠다는 생각을 하고, 그 길로 경허 화상을 따라서 내포 천장사로 오니, 마침 수월 화상이 그때 전씨 총각으로 와 있었습니다. 그 후 을유년(1885) 3월에 수월 화상과 함께 득도식을 하였다고 합니다. 그래서 수월 화상은 불명이 '음관音觀'이요, 도암은 불명이 '월면月面'이라 하였습니다. 두 분 다 은사는 경허 화상의 속가 형이신 태허 화상이고, 수계사는 경허 화상이 되었습니다.

그 후 얼마 지난 후에 월면 대사가 나이 스물셋 되던 갑오년(1894)이 되었습니다. 그해 동짓달에 하루는 17세가량 된 초립 쓴 청년이 한 명 와서 같이 법당에서 쉬던 중에 그 청년이 말하기를, "대사께 할 말이 있습니다."라고 합니다. 그래서 "무슨 말이 있소?" 하고 물으니, "어떤 스님이 나에게 말하되, '만법귀일萬法歸一 일귀하처一歸何處 뜻을 알면 온 천하에 모를 것이 없다.' 하였으니, 혹 대사가 그 뜻을 알면 나에게 좀 일러 주시오." 합니다. 그래서 월면 대사가 생각해 보니, 그 사람에게 일러 주기는 고사하고 본인도 생전 처음 듣는 말이라 크게 의심이 나서 얼빠진 사람처럼 앉아 있었습니다. 그 청년이 재차 "왜 안 일러 주시오?" 하기에 대사가 대답하기를, "당신께 일러 주기는 고사하고 처음 듣는 말이라 가슴이 답답하오." 하니, 그 청년은 아무 말 없이 자고 이튿날 떠났습니다.

그날부터 참선 이름도 모르고, 다만 그 청년이 말한 '만법귀일' 뜻을 참구하기 시작하였습니다. 의심을 잠깐 놓으려고 해도 쉬어지지도 않고 성성불매惺惺不昧하여 살림하고 시봉하는 일이 점점 버거워졌습니다. 독살이에 원주일까지 많은 가운데, 기도며 불공이며 시주 손님 접대에 이르기까지 도무지 공부를 전일하게 할 수가 없어서 태허 화상 모르게 누더기 한 벌을 걸망에 넣어 걸머지고 도망쳐서 온양 봉국사에 가서 노전을 맡아보면서 일념으로 만법귀일을 참구하였습니다.

그러던 중 을미년(1895) 7월 26일 새벽에 법당에서 쇳송을 하다가 '응관법계성應觀法界性 일체유심조一切唯心造'라는 대문에 이르러 '온 대지가 일정하게 금이다.'라는 소식을 깨달으니 두두물물頭頭物物이 비로자나 전신 아님이 없음을 알게 되었습니다. 그때부터 사람을 만나도 범소유상凡所有相이 개시허망皆是虛妄이니, 불에 들어가도 타지 않고 물에 들어가도 젖지 않는 불생불멸不生不滅한 진실도眞實道에 정진하여 나와 함께 벗이 되라고 하였습니다. 듣는 대중스님들이 크게 놀라면서 모두 어제저녁에 말짱하던 사람이 밤새 실성한 소리를 한다 하며 서로 돌아봅니다.

그리하여 그날부터 서로 지기知己(벗)가 되지 아니하므로 며칠 후에 떠나서 태화산 서양동 깊은 숲에 들어가 백로白鷺와 노닐며 등나무 우거진 두어 칸 방에서 자기를 알아주며 도를 돕는 선객과 동거하면서, 어떤 때에는 밭도 갈며 어떤 때에는 나무도 하며, 혹은 도한屠漢(백정)을 불러 "이뭣꼬?[是甚麼] 하며, 혹은 일백 새소리와 돌샘 쟁쟁하는 물소리로 벗을 삼아서 5년간 보림하던 중에 계사 경허 화상이 왕림하시자 그간에 공부했던 자초지종을 고백하였습니다. 경허 화상 말씀이, "불 가운데 연화蓮花로다." 하시고선 며칠 머무신 뒤에 떠나시게 되었습니다. 그때 토굴을 버리고 화상을 따라 서산 부석사로 가서 날마다 설하시는 법문을 배우고 있다가 임인년²³⁰ 3월에 경허 화상을 모시고 부석사를 떠나 동래 범어사에 갔습니다. 계명암에 선원을 신설하고 경허 화상을 종주宗主로 모시고 30명 대중이 수선 안거를 마쳤습니다.

해제 후에 노모가 천장사에 계심으로 인해 어머니를 뵈오려고 화상께 인사하고 떠나오는 길에 양산 통도사 백운암에 올라가서 장마를 만나 한 보름을 묵게 되었습니다.

어느 날 부전이 아침 예불 때에 금고金鼓를 치는데, 그 소리를 듣다가 홀연 스스로 깨쳤으니, 시방十方이 겁외간劫外間이라. 그 후 백운암을 떠나 며칠 후에 천장사로 오셨는데, 수년 후에 경허 화상이 올라오셔서 모든 법을 점검하시고 인가하셨으니, 당호를 '만공滿空'이라 하시고 다음과 같은 전법게를 설하셨습니다.

雲月溪山處處同　구름과 달, 시내와 산이 도처에 같음이
운 월 계 산 처 처 동
叟山禪子大家風　수산叟山 선자의 큰 가풍일세
수 산 선 자 대 가 풍

230　임인년 : 임인년은 1902년이다. 『경허법어』(경허성우선사법어집간행회 편찬, 1981년)에 따르면 경허 화상과 범어사에 간 시기가 1898년으로 나와 있으니, 아마도 전사 과정에 오류가 있는 듯하다.

殷懃分付無文印　은밀히 무문인無文印을 분부하노니
은 근 분 부 무 문 인
一段機權活眼中　일단의 기봉과 권도를 활안 중에 있게 하라
일 단 기 권 활 안 중

　　그 후 화상은 곧장 북으로 떠나가시고, 선사는 그때부터 종주
로 세상에 나오셔서 모든 납자를 가르치시니, 35세부터 출세하셨
다고 합니다. 제1회는 천장사에서 마치시고, 제2회는 계룡산 대비
암에서 마치시고, 제3회는 마곡사 매화당에서 하시고, 그 후 정혜
사로 오셔서 계시는 중에 유점사에 가셔서 2∼3회 하시고, 마하연
에 가셔서 2∼3회 하셨으니, 유점사에서는 납자가 53명이었고, 마
하연에서는 60여 명이었다 하며, 가신 곳마다 대성황을 이루었다
고 합니다.

　　경오년(1930) 유점사에서 두 회 산림을 하시고, 임신(1932)·계유
(1933)·갑술년(1934)은 마하연에서 종주로 계셨으며, 그 후로는 늘
정혜사에 계셨습니다. 그리고 덕숭산 정혜사에서 병술(1946) 10월
21일에 고요히 열반에 드셨으니, 그때 세수 76세였습니다.

수법제자受法弟子[231]

寶月性印(恩) 龍吟法泉 惠菴玄門 燃燈順悟(恩) 西畊金牛
(恩) 古峰景煜 錦峰周演 田岡永信 碧超鏡禪 曉峰元明 雪
峰鶴夢 性峰漢宇(恩) 大安相宜(恩) 西湖世愚(恩) 完山妙法
(恩) 石庵性栗 眞空妙有 性鏡弼煥 含月桂聲 德山宗晛 春
城(懺) 海山宇眞(懺) 滿盧海輪(懺) 宗協古松(懺) 飽山(懺) 海光
(懺) 慧鏡靈雲(懺) 聖讚(懺) 高峰(懺) 大隱(懺) 京山鶴月(懺) 海
山應常(懺) 能慧(懺) 法喜(尼) 善福(尼) 一葉(尼) 滿性(尼)

은상좌恩上佐

玄鎬 性峰 唯心 秋潭 翠山道益 鶴松浩然 慈應法眞 修空
慧眞 性一 瑞海月桂 普眼 重隱 雲競 昔井 能幽振性 修翁

**(恩)字는 은상좌를 겸함. (懺)字는 참회제자. (尼)字는 비구니.

231 　아래의 내용은 1982년에 만공문도회에서 간행한 『만공법어』에 수록된 자료를
　　　그대로 옮긴 것이다. 경허 스님, 만공 스님 계보와 관련한 증보된 사항은 향후
　　　새롭게 편찬할 예정이다.

경허록 · 만공법어 편찬위원회

證明

진제법원   해운정사
송원설정   덕숭총림
달하우송   덕숭총림
허허지명   법주사
대궁종상   불국사

指導委員會

자운정묵   불교학술원
퇴우정념   월정사
지운   덕숭총림
정도   법주사

常任委員會

常任委員長	**서산도신**	덕숭총림
共同委員長	**정덕**	법주사
共同委員長	**종천**	불국사
共同委員長	**화평**	금산사
共同委員長	**성효**	용주사
共同委員長	**원경**	마곡사

개정 증보판
만공법어 滿空法語

ⓒ 경허록·만공법어 편찬위원회, 2024
  표지 題字 : 송원설정 큰스님

2024년 11월 30일 초판 1쇄 발행

기획·편찬   경허록·만공법어 편찬위원회
           (32409) 충청남도 예산군 덕산면 수덕사 안길 79
           홈페이지 www.mirror-moon.org
           이메일   gyeongheo.mangong@gmail.com

발행인 박상근(至弘) • 편집인 류지호 • 편집이사 양동민
책임편집 양민호, 정유리 • 편집 김재호, 김소영, 최호승, 하다해
디자인 쿠담디자인 • 제작 김명환 • 마케팅 김대현, 이선호, 류지수 • 관리 윤정안
콘텐츠국 유권준, 김대우, 김희준
펴낸 곳 불광출판사 (03169) 서울시 종로구 사직로10길 17 인왕빌딩 301호
      대표전화 02) 420-3200 편집부 02) 420-3300 팩시밀리 02) 420-3400
      출판등록 제300-2009-130호(1979. 10. 10.)

ISBN 979-11-7261-109-5 (03220)

값 30,000원